山本由美
YAMAMOTO Yumi

教育改革はアメリカの失敗を追いかける

学力テスト、小中一貫、学校統廃合の全体像

花伝社

教育改革はアメリカの失敗を追いかける——学力テスト、小中一貫、学校統廃合の全体像◆目　次

はじめに　7

第Ⅰ部　今日の教育改革の全体像

第Ⅱ部 学制改革の突破口

はじめに

戦後教育の基本原則の全否定

日本の教育は、今大きく戦後教育改革と真逆に舵を切られようとしている。教育再生実行会議は2013年からつぎつぎと提言を公表し、それらは中央教育審議会の審議を経て、新しい法案や改正法案が国会審議にかけられ制度化されていく。その制度改革が子どもにとってどのような影響を与えるのか、十分な検証もされないままに。そのいくつかは、日本のこれまでの教育の基本原則をなし崩しにしていくほど大きな影響力を持ちかねない。

第1次提言のいじめ対策推進基本法、第2次提言の教育委員会制度の改正はきわめてスピーディーに行われた。つづく第3次提言の高等教育改革では、学長権限拡大などにより大学自治の空洞化が図られ、財界の望む人材養成に道が開かれようとしている。さらに第4次提言の高校・大学の接続、そして第5次提言の6・3・3制の見直しへと続き、安倍政権は、教育改革の「本丸」、戦後教育改革の見直しともいえる学制改革に着手しようとしている。これほど広範で急激な改革がめざしているのは、新自由主義教育改革による公教育の序列的再編を手段とした、財界が求めるグローバル人材づくりに他ならない。そして、第6次提言では、トップダウンでおりてくるさまざまな施策を下支えする「学校参加」、地域の保守的再編につながりかねない全学校のコミュニティスクール化が提起された。

2012年の大津いじめ自殺事件の報道の中で高まった教育委員会や学校の「無責任で隠蔽的な体質」への批判が、いじめ対策、「道徳教育」強化、そして教育委員会「改革」にも最大限に利用されてきた。しかし、トップダウンのいじめ対策は教師を多忙化させ管理を強化させるものになりかねず、現在拡大中の「ゼロトレランス」（寛容ゼロ）のきびしい生徒指導を拡大させる危険性がある。この「ゼロトレランス」は、アメリカにおいてはグローバル人材の「非エリート」対策の政策として位置づけられる。すなわち、エリートを支える大量の低所得サービス労働養成とそこから外れる「犯罪予備軍」対策に用いられるのである。それは、日本の民主的な教師たちが担ってきた、子ども一人ひとりの人格形成を配慮した生徒指導を根こそぎ破壊しかねないものでもある。

また、教育委員会における首長の権限強化は、親や住民の下からの要求が教育行政に反映される道を極端に狭め、一部の人間が決めた「大綱」によるトップダウンの施策を徹底化していく。トップダウンが貫徹するような条件が整ったら、まず、教科書検定のための「方針」作成、学力テスト結果公表、そして公教育の序列的再編を招く学校統廃合が行われることが懸念される。

第1次安倍政権期、教育基本法を「改正」して全国学力テスト（2007年）による競争的環境を導入し、既成の公教育制度を壊そうとしていた時期を新自由主義教育改革の「前期」だとすると、第2次安倍政権のもとで進められる教育改革は、学校制度や教育内容にダイレクトに手を突っ込み、グローバル企業が求めるグローバル人材養成を行おうとする「後期」新自由主義の段階に達したと考える。

本著では、そのように強行に進められている「後期」新自由主義教育改革の全体像とそのねらい、改革が与える子どもへのダメージと対抗軸を明らかにしていきたい。新自由主義教育改革の変化について概観した後で、学制改革の大きな突破口の一つである小中一貫校（義務教育学校）とチャータースクール（公設民営学校）に着目したい。

アメリカ、シカゴ市における教育改革と対抗軸の形成

また、「後期」新自由主義教育改革のイメージを明らかにするために、すでにそれが現実となっているアメリカ、シカゴ市の教育改革に着目する。日本はアメリカの新自由主義教育改革を後追いしている。そこですでに出現している改革の矛盾である子どもへのダメージと対抗軸の姿を参考にしたい。対抗軸としては、オバマ大統領の地元であり、新自由主教育改革の全米先行ケースでもあるシカゴ市の教育改革のもとで、保護者と教師の共同による学力テスト反対運動と学校統廃合反対運動が大きな波となっていることに注目する。

前ブッシュ大統領のもと2002年の「1人の子どもも落ちこぼさない法律」（No Child Left Behind Act, NCLB Act）によって、12年間で教育目標達成率を100パーセントにすることが

めざされ、同時に学力テスト結果により学校や教師が報酬やペナルティを受けるシステムが導入された。それによって、テスト漬けの教育と評価システムによって、多くの子どもたち、保護者、地域にダメージが与えられただけでなく、多くの教師が学校を去り、多くの学校が廃校になり、そのうちいくつかの地域が壊滅的な打撃を受けた。公立学校の閉鎖に伴い、公教育の大きな市場がチャータースクールに開かれていった。地域の草の根運動をルーツに持つ、この公設民営学校運動は、90年代後半から民間企業にとって魅力的な市場として拡大してきた。

続くオバマ政権は、新自由主義路線をしっかりと継承している。２００９年、大統領就任と同時にオバマによって教育長官に任命されたアーン・ダンカンは、シカゴ市出身、２００１年からシカゴ市の教育委員会の教育長（ＣＥＯ）を務めていた。学力テスト改革を強力に支持し、学力向上を実現させたことが「シカゴの奇跡」と一部で評価されていた。そのシカゴ市で、全米に先駆けて行った新自由主義的な教育改革を、さらに彼は連邦教育長官として全国レベルで実施しようとしている。シカゴ市はまさに、改革モデル、改革先行自治体でもある。

しかし、２０１３年、学力テスト結果の低かった貧困地域の公立学校50校をターゲットにしたシカゴ市学校統廃合計画は、市民と教師たちの大規模な反対運動によって紛争化した。それは全市を巻き込む大きな流れとなった。貧困地域に住む多くの黒人やヒスパニックたちが、新自由主義を批判する教員組合とともに学校統廃合に反対し、それは市民と教職員組合の教師たちの新しい共同を生み出した。その運動は、保護者とそれを支える教師たちによる「学力テスト」拒否運動と連動していくことになる。

新自由主義の理念を世界に広めた、いわゆる「シカゴ学派」が生まれたシカゴ大学があり、グローバルシティをめざす全米屈指の財界が存在するシカゴ市。その都市で、今まさに、新自由主義教育改革に対する対抗軸が明確に打ち出されようとしている。最もその矛盾が顕著に出ている貧困なマイノリティのコミュニティで。

その矛盾と対抗軸を見すえることは、今、急激な教育改革の最中にある私たちにとって、限りなく重要なことであると考える。なぜなら、それは日本の未来の姿だから。

第Ⅰ部

今日の教育改革の全体像

第1章　新自由主義教育改革とは何か

1　新自由主義教育改革のスピーディーな本格化

２０１３年、２０１４年、そして２０１５年は、戦後教育改革以降の日本の公教育制度にとって最大の転換点といえる。教育再生実行会議が、第１次から第６次にわたって提言を公表し、それが中教審への諮問、審議、そして答申を経てきわめてスピーディーに国会で法制化、法改正へ、という異常な事態となったからだ。

教育再生実行会議は、第２次安倍内閣の私的諮問機関であり、首相、内閣官房長官・副長官および文部科学大臣と15名の有識者から構成される。有識者には、鎌田薫早稲田大学総長（座長）、佃和夫三菱重工業代表取締役会長（副座長）以下、財界、自治体関係、学識経験者の名前が並ぶ。

これまでに、第1次提言「いじめ問題等への対応について」を受けたいじめ防止対策推進基本法の制定、第2次「教育委員会制度等への在り方について」を受けた教育委員会制度「改革」のための、地方教育行政の組織及び運営に関する法律の改正、そして、第3次「これからの大学教育等の在り方について」を受けた、学長権限を強化した大学改革に向けた学校教育法の「改正」が矢継ぎ早に行われてきた。さらに、第4次提言「高等学校教育と大学教育との接続・大学入学者選抜の在り方について」を受けた高校と大学の接続については、現在、高校達成度テストの導入が検討されている。第3次提言から、本格的な学制改革の問題への着手が始まった。

そしてついに2014年7月6日、第5次提言「学制改革を考える」による6・3・3制学校体系の見直しへと続く。安倍政権は、教育改革の「本丸」、戦後教育改革の見直しともいえる学制改革を実行しようとしている。これほど広範で急激な改革がめざしているのは、新自由主義教育改革による公教育の序列的再編を手段とした、財界が求める人材づくりに他ならない。教育再生実行会議は財界の要請を一身に受け、この新自由主義教育改革を全速力で進めてきたといえよう。

他方で、集団自衛権の行使容認や武器輸出三原則の「見直し」など、日本の大国主義化をもくろむ政策が急速に進む中で、道徳教育の「特別の教科」化、教科書検定規準制度の「改正」などの新保守主義的、国家主義的な改革もつぎつぎと行われている。これらの改革の中には、2012年末、民主党からの政権奪回直前、安倍の自民党総裁就任時に発足した自民党の教育再生実行本部によって提起された後、諮問機関の教育再生実行会議のルートを通さずに、文科省によってダイレクトに中教審に諮問されていく傾向も見られた。教科書検定や道徳教育などの新保守主義的な教育内容統制に関わる領域は、文科省にとって伝統的に手がけてきた、いわば得意な領域ともいえる。それ以外の新自由主義的な改革については、教育再生実行会議の新自由主義的な提言が、時には躊躇する文科省を追い立てながら政府、財界の強い意向で進められている方向性を持っていることの証ともいえよう。それでは、新自由主義教育改革とは何か、最初に確認してみたい。

2　新自由主義教育改革とは何か――「前期」から「後期」へ

日本において、新自由主義教育改革は１９９０年代半ば以降スタートした。それは、１９８０年代にイギリス、１９９０年代にアメリカが先行してきた「スタンダード（教育課程の基準）」と「学力テスト」を中心とした改革をモデルとしたものだった。新自由主義教育改革とは何か。英米のモデルを参考に日本が後追いする新自由主義教育改革を、教育基本法「改正」、全国学力テストが開始された２００７年当時に、共同研究の中で私は以下のように定義していた。

国家が決定した教育内容にかかわるスタンダードの達成率に基づく、学校間・自治体間の競争の国家による組織化を内容とし、グローバル経済が求める人材養成のためのエリートと非エリートの早期選別を目的にした、徹底した国家統制の仕組みであると同時に、企業にとって新しい市場を創設する機会を提供するものである。

すなわち、教育課程の基準（スタンダード、日本でいえば学習指導要領がそれに当たる）とそれにそった全国学力テスト（アメリカの場合は州一斉テスト）を導入し、政府（州）がその「結果」を公表することによって自治体、学校間の競争をうながし、そのテスト「結果」に基づいて学校や教師をも評価していく。そのような「評価」とそれに基づいたシステムによって政府は教育を強力に統制し、学校選択制によって、コストのかかる小規模校を統合し、競争的な関係のできる大規模校を中心に学校を再編していく。結果的に公教育を序列的に再編していく仕組みととらえたのである。

ただし、最後の部分「市場の創設」は２０１４年に補足したものである。教育産業にとっての新たな市場の創設については、たとえばアメリカでは、公設民営型の公立学校であるチャータースクールが多くの従来の公立学校にとってかわり、運営する民間企業に巨大な市場をもたらした。１９９１年、ミネソタ州で最初に法制化され、90年代後半には民間企業による運営進出を招き、現在は全米で約６０００校、約３００万人が学ぶ巨大な市場へと発展している。日本においては、２０１５年の国会で、国家戦略特別区域法改正案が審議予定であり、そこにはチャータースクールにつながる公設民営学校の法制化が盛り込まれている。

また、国際テストであるＰＩＳＡを頂点とする、様々な国、自治体レベルの学力テスト自体が、委託された企業に莫大な利益をもたらすようになった。ＰＩＳＡを入札したイギリスのピアソン社、大規模な情報漏れ事件を起こしながら全国学テを請け負い続けるベネッセ社などに代表される民間教育産業である。さらに、タブレットや電子黒板などの情報機器、公教育をサポートする武雄市の「花マル学習会」などの塾産業と、バラエティに富んだ市場が開拓されている。そして公教育の再編・コスト削減に用いられる学校統廃合は、跡地利用という形で不動産業に莫大な利益をもたらす。

従来、少なくとも日本の戦後教育改革の理念に基づけば、教育の公共性とは、全ての公立学校がどこでも平等に教育サービスを提供することによって保障されるものと考えられていた。６・３・３制は、そのための「教育の機会均等」原則を実現する教育制度であった。しかし、現代のグローバル経済の社会において、国際競争に勝ち抜いていけるようなエリート養成に重点的に資源配分していくことこそが教育の公共性の実現である、と財界、政府は発想を転換したのだ。

しかし、日本の新自由主義教育改革は、さらに次の新たな段階に到達したと思われる。２０１４年末、中教審答申によって小中一貫教育学校（仮称）の法制化が提起され、２０１５年３月には閣議決定され「義務教育学校」という名称が決定した。通常国会での学校教育法改正の審議が予想される。これは、自民党の教育再生実行本部が２０１２年末、改革項目の筆頭にあげた「平成の学制大改革」の突破口であり、いよいよ初等教育段階からの学校制度複線化がめざされる。ではなぜ今、「学制改革」なのか。

政治学者の渡辺治は、日本における新自由主義改革を三期に分けて説明する。すなわち、第１

期として1990年代初頭から小泉政権の終焉まで、第2期として2006年から民主党政権を経て第2次安倍政権まで、そして、現在の安倍政権を第3期とする。これは、新自由主義の開始、停滞、そして本格化としてとらえることができる。すなわち、第1期には新自由主義改革を遂行するために、小泉首相に代表されるような「官邸主導」によって「既存の政治体制や慣行に激しい攻撃が加えられ」、抵抗勢力をねじ伏せて新自由主義の枠組みを確立させた。そして、改革によって生じた貧困、格差化などに対する国民の批判を受けて新自由主義が停滞したかに見える、第2期の民主党政権の時期を経て、本格始動の第3期に至っているとするのである（渡辺他、2014）。

このような本格始動が可能となった理由として、渡辺は、第1に、官僚機構の新自由主義派への変更が終わり、各省庁の官僚が全面的に動員されるようになった点をあげる。かつては首相周辺の改革派の策定した急進的な「計画」に対して、〝守旧派〟と称されつつも抵抗した省庁の官僚勢力は新自由主義に方針転換していった。

さらに第2に、自民党内の反新自由主義派も弱体化したため、官邸主導を支える強固な集権体制が確立された点をあげる。たしかに、TPP、消費税引き上げ、そして集団的自衛権行使容認など安倍政権の政策に対して、かつてなら反対したであろう地域に地盤を持つ自民党の旧来の議員たちは抵抗勢力とならなくなった。彼らを支えてきた地盤自体が、第1次産業や地方の切捨てで弱体化してしまった。また、小選挙区制のもとで官邸の力が強まったため、かつての派閥政治のような力は機能しない。自民党候補に指名されず、刺客を立てられることの恐怖は学習済みである。さらに、小泉政権期の新自由主義改革を支えた保守２大政党制が、自民党主導の保守多党制に移行したことも改革の推進をスムーズにしている。

それでは、新自由主義教育改革についても同様の時期区分が可能であろうか。英米をモデルとした当初の新自由主義教育改革の要は、何といっても全国学力テストであり、学力テスト体制のスタートが画期であった。

そこで、新自由主義教育改革「前期」を２００７年の全国学力テスト開始期までととらえたい。以下が新自由主義教育改革の進展の三つの時期区分としたものである。

①「前期」――１９９０年代半ばから教育基本法「改正」を経て２００７年の全国学力テスト導入まで、新自由主義教育改革を構成する制度が出そろった時期である。

②「停滞期」――２００８年から自民党政権の復活まで。「前期」新自由主義教育改革の見直し期、首都圏などで学校選択制の見直しが始まりその拡大はストップし、２００９年末の民主党政権への移行に伴い、学力テストの抽出テスト化、公立高校の授業料無償化実施、そして「心のノート」廃止など、福祉国家的政策が前面に出た時期である。しかし、すでに２０１０年から、財界や一部省庁などにより、新たな新自由主義教育改革の要請が高まり「後期」の改革が始動してくる。

③「後期」――２０１２年頃から、新たな新自由主義教育改革の構想が出現し、やがて安倍政権による本格始動期を迎える。第１期に全貌が見えた新自由主義教育改革が、新保守主義的改革とともに政策的に実現されていく。しかし改革の制度的枠組みの導入のみならず、改革が求める人材像、「学力」観が明確化されてきた時期ともいえる。すなわち「グローバル人材」養成のための仕組みである学制改革がクローズアップされ出す。

この区分に当てはめると「前期」新自由主義教育改革の定義については前述のように設定したのだが、「後期」新自由主義教育改革について再定義が必要になると思われる。そこで、以下のように定義してみたい。

グローバル企業が求める人材養成のために、国家がグローバリズムにおけるエリート・非エリートの早期選別を目的に、学校制度を複線化し教育内容を統制するものである。エリート養成に財源を集中するために他のコスト削減を徹底し、改革を正当化するために、全国学テ、結果公表、学校・自治体間競争などが利用される。

すなわち、国家が学校制度や教育内容にダイレクトに手をつけていくような仕組みが求められるようになったのだ。それは、求められる「人材」やその「学力」にピントが合ってきたためでもあろう。それでは、なぜそのような進展が生じたのか、そして「後期」新自由主義教育改革とはいかなるものなのか。第２次安倍政権登場までの新自由主義教育改革の変遷から見ていきたい。

３　英米で先行した新自由主義教育改革モデル

第２次世界大戦後、ヨーロッパ諸国の一部で実現した福祉国家体制は、企業の自由競争に対する規制、法人税や累進課税による富の社会的に平等な配分、手厚い福祉政策と無償で平等な公教育制度、住宅や交通機関など公共サービスの充実などを特徴とするものだった。

しかし１９７３年のオイルショック以降、世界的な不況に見舞われたヨーロッパ諸国の中でも、たとえば代表的な福祉国家だったイギリスは、サッチャー政権の下、新自由主義へと大きく舵を切ることになる。すなわち、企業の自由競争に課せられた規制を緩和することで利益を獲得しやすくし、市場活動を活性化させることによって国力を高めていこうとしたのである。同時に活力のなくなった産業、製造業や石炭産業など多くの国営企業を含む企業のスクラップと情報や金融など新しい産業のビルド（創設）によって産業構造の転換が行われた。

さらに東西冷戦終結後の１９９０年代、財界や政府は自由度を増したグローバル経済競争の中で、国際的競争に打ち勝つための新しいタイプのエリートを求めるようになっていった。これまで、労働組合が強い影響力を持つ社会の中で、教師の自由が広範に認められてきたイギリスの公立学校は、財界が望むような、産業構造の転換に応じた効率的な人材養成に対応できないと判断され、大規模な教育改革につながった。

かくしてイギリスでは1988年教育改革法により、教育内容の基準であるナショナルカリキュラムとそれに基づいたナショナル・テスト（キイステージといわれる各段階の終了時である7歳、11歳、14歳の試験に16歳の義務教育修了試験が加わる）が導入された。そして、テスト結果の公表、結果に基づいた学校評価や教員評価、「評価」に基づいて学校が選べる学校選択制、生徒数に応じた教育費配分、ガバナー制度（ある種の「学校参加」制度）などの新自由主義的な教育制度がつぎつぎに導入された。1994年には、学校や他の教育機関の査察および評価を行うOFSTED（教育水準局）が開設された。学校の評価はネット上に公開され、保護者の学校選択の際の情報と位置づけられた。そのような評価の公開が、学校のアカウンタビリテイ（説明責任）であることが強調された。学校を競争的な環境の中に置き、階層化（企業化）すれば、その質が高まるとする「前提」が用いられたが、じつはその「前提」自体、実証されているわけではなかった。

同じく新自由主義的な改革で、経済状況を打開しようとしたアメリカでは、イギリスをモデルに1990年代前半に各州レベルで教育改革を開始しだした。すでに1989年、クリントン大統領がアーカンソー州知事だった時期の全米州知事協議会の主たる政策立案者だったM・コーエンは、「選別的で集権的な政策と、学校レベルへの権限委譲を組み合わせる」と、新自由主義教育改革を性格づけていた。すなわち、国や州レベルでのスタンダード（教育課程の基準）設定やそれに基づく一斉テスト、学校評価や教員評価といった集権的な改革と、学校選択制や学校への権限委譲（たとえば校長のリーダーシップの拡大に代表されるような）といった性格の異なる分権的な改革を同時に行う見取り図を「芸術的に作り上げる」というのだ。一斉テストとテスト結果の評価に基づいた財源配分で縛りをかければ、どんなに学校の自由裁量を拡大してもテスト結果をよくするために学校や自治体は勝手に競争してくれる（Cohen, 1990）。

また、この「集権化と分権化」の結果、「中間」に位置する学区の教育委員会は、多くの権限を「上」に位置する州や首長部局、「下」に位置する学校に委譲されることで弱体化されていくことになる。アメリカの教育委員会は今日でも96％が公選制であるが、教育委員会の権限委譲は教育の民衆統制の性格を弱めていくことになった。さらに、教育改革を先進的に行う自治体、シカゴ、ボストン、デトロイト、フィラデルフィアなどは、公選制教委を廃止して市長の任命制に移行し、教育に対する市長の権限を強化する改革を行った。そのような新自由主義教育改革は以下のような制度から構成されるものであった。

①アカデミックなスタンダードの設定
②スタンダードに基づいた一斉テストの実施
③一斉テスト「結果」に基づいた学校評価・教員評価

④学校選択制（その結果に基づいた学校統廃合、公教育の民営化を含む）
⑤教育バウチャー制度（生徒数に応じた教育費配分制度）
⑥学力テスト体制に即した「学校参加」、校長のリーダーシップの拡大

個々の制度改革はバラバラに導入されてもそれぞれがリンクして全体として新自由主義教育改革として機能することになる。そして総体として公教育を序列的に再編していくのである。

このような新自由主義的な改革を支える理論として、アメリカでは80年代に新しい統治理論（New Governance）の構成要素として、「ＰＡ理論」（Principal Agency-Theory 主人―代理人論）が提唱された。たとえばモーらが提唱するこの理論は、基本的には国家権力の流れ方を正当化するものである。新自由主義改革のもとでは、主人（行政）は代理人たる教師に対しても、他のあらゆる労働者同様、このＰＡ理論にもとづく管理統制を行うことになる。すなわち「財布の紐を持っている側（雇用者）が力を持っているのに、お金をもらっている側（被雇用者）が強いのはおかしいではないか」という疑問を前提にして、「両者の目的の食い違い」と、「実際にサービスに従事する被雇用者が圧倒的に現場の情報を持っている」という理由が想定される（Moe, 1984）。

その状況を是正して、雇用者の目的を貫徹させるためには、雇用者が、①サービスや労働に何らかのわかりやすい「スタンダード（基準）」を設定し、それに基づいて、②被雇用者のサービ

スや労働を「評価」し、競争させる、③さらに評価の「結果」に対して賞罰を与える、すなわち、高い評価を得たものにはボーナスや昇給を与え、評価が低かったものには逆に賃金カットや降格などの何らかのペナルティを課すことにする。そのしくみによって、評価と「財政の力」で、雇用者は被雇用者の仕事を強力にコントロールし、雇用者が望む成果をあげることができる（世取山、２００４）。学力テスト体制自体が、この権力の流れ方を正当化するための理論に基づいている。

１９９０年代前半に多くの州で開始されたスタンダード・ベースド・ムーブメント（教育課程の基準設定運動）によって、新自由主義教育改革は拡大した。スタンダードとは、日本の学習指導要領のようなものであるが、そこまで詳細なものではない。それまでアメリカの教育はこのようなカリキュラムの基準を欠いていたため、国際的に見て、教師のレベルが低く子どもたちの学力が劣っていたのだ、とする世論が喚起され、運動を後押しした。スタンダードは、必ず、それが定着したかを検証する州統一テストと、結果公表がセットとなって導入された。そのような公開された情報に基づいて、保護者が公立学校や爆発的に拡大する公設民営学校（チャータースクール）を選択できることが、教育のアカウンタビリティ（説明責任）であるとされた。

ブッシュ大統領がかつて州知事だったテキサス州では、保護者や市民の学校に対する不満を背景に、いちはやくスタンダードに基づく州一斉テスト、その結果に対する報酬とペナルティが導入され、その結果、ブッシュは教育知事と賞賛されることになった。

その後２００１年に大統領に就任してすぐに、ブッシュはＮＣＬＢ法（No Child Left Behind Law １人の子どもも落ちこぼさない法律）を制定し、全米の学力テスト体制を新しい段階に推し進めることになる。すなわち、各州の一斉学力テスト目標達成率を12年間で１００％にするという目標が設定され、各学校の達成率が公表されることになった。そして達成率が「年度ごとの適性進捗率」に到達しなかった学校からは補助金がカットされ、さらに毎年続けて達成できなかった場合には、年度ごとにきびしくなっていくペナルティが課されることになる。当初は、「補充的な教育サービスの提供」や「達成している学校への転校許可」などの軽いペナルティから始まり、４年目の教師の入れ替えや、７年目の公立校としての閉校とチャータースクール（公設民営学校）としてのリニューアルなどきびしいものに変わっていく。

このＮＣＬＢ法のもと、アメリカではいくつかの都市において大統廃合時代を迎えることになった。最大の統廃合は、ミシガン州デトロイト市で２００８年に行われた69校の廃校であり、同市では２００３年に２７０校以上あった公立学校が２０１３年には97校にまで減少している。2番目の規模の統廃合は２０１２年にシカゴ市で行われた50校廃校計画であったが、市民や教職員の反対運動で47校にとどまった。シカゴ市は90年代後半から市長部局への権限集中により、財界の教育要求をダイレクトに受けた学校の再編が行われた。平行して、厳格な罰を課す学力テスト体制によって、学力テストで測定される「学力」が向上したことをして保守派が「シカゴの奇跡」と称するような事態も出現した。

２００８年以降のオバマ政権も新自由主義路線を引き継ぎ、シカゴ市で学力テスト体制を徹底させた教育委員会のダンカンＣＥＯを連邦教育省長官に招聘した。後述するシカゴ市の教育改革は全米のモデルとなった改革でもある。

ダンカン教育省長官のもと、２００９年から、生徒の学力テスト結果「向上」に結びついた評価に応じて、連邦政府が州政府に競争的に財源を割り振る業績優先政策（Race to the top）が導入された。成果をあげた州には報奨金として政府の財源が優先的に割り当てられ、全米の学力テスト体制はさらに強化された。そのダンカン教育長官のもと、２０１２年から本格実施されたコモンコア・スタンダード（ＣＣＳ）は、初めての全米での統一的な教育課程のスタンダードである。各州レベルでのスタンダードをこのコモンコア・スタンダードに置き換えることで各州は補助金の対象とされることになる。２０１４年12月時点で、50州中48州が参加を決定して、残るワシントン州とアラスカ州の動向が注目されている。

コモンコア・スタンダードについては、基本的にＰＩＳＡ型の学力観にそった内容であり、情報処理、現代的なリテラシーなどの傾向が強いと評される。そのような特性については一部の教師や教員組合から批判があげられている。たとえば英語教師たちは、コモンコア・スタンダードの内容がＰＩＳＡ学力の「キーコンピテンシー」に基づいて説明や報告的な文章を重視するあまり、文学教材が極端に軽視されていると問題点を指摘する。特にテスト内容が学校教育の内容を直撃する貧困層の子どもたちは、生涯において文学に触れる機会を奪われかねないことを懸念する声も聞かれる。

いずれにせよ、地方分権が特色だったアメリカの公教育は、首長権限強化、連邦権限の強化へと大きく舵を切ったのだ。

参考文献

山本由美『学力テスト体制とは何か』花伝社、２００９年。

渡辺治、岡田知弘、後藤道夫、二宮厚美『大国への執念――安倍政権と日本の危機』大月書店、２０１４年。

Michael Cohen, "Key Issues Confronting State Policymakers" in Elmore F. Richard & Associates, *Restructuring School, The Next Generations of Education Reform*, Jossey - Bass Education Series, 1990.

Terry M. Moe, *Politics, Control, and the Future of School Accountability*, Peterson&West, 1984.

世取山洋介「アメリカ新自由主義教育改革における教育内容基準運動と『サンクション』としての学校選択」、堀尾輝久、小島嘉孝編著『地域における新自由主義教育改革』エイデル研究所、２００４年。

第2章　安倍政権が進める新自由主義教育改革

1　新自由主義教育改革「前期」の始まり

日本における新自由主義教育改革の構想は、すでに１９８３年に始まる臨時教育審議会の中で香山健一委員（当時、学習院大学教授）らによる「教育の自由化」論を中心に公表されている。しかし、実際に改革が開始されるのは１９９０年代半ば以降となった。産業構造の転換を図る財界が、新たな人材を求めだして初めて構想が具体化されていくことになった。

財界が初めて新自由主義教育改革を提起したのは、１９９５年の日本経団連「新時代の日本的経営」であった。これは日本型一括採用・終身雇用制度を見直し、３類型の人材養成——終身雇用の「長期蓄積能力活用型グループ」とそれ以外の「高度専門能力活用型グループ」及び使い捨てに近い「柔軟雇用型グループ」——に移行すべきと主張するものであった。この時期、労働法制の改悪により非正規雇用労働者は飛躍的に拡大していた。

戦後改革期には、全ての生徒の学力を平等に底上げしていくことが教育の公共性であり、６・

3・3制の単線型学校体系により教育の機会均等原則を実現するのが公教育制度であるという認識が存在した。しかし、1960年代の高度成長期には、財界は3％のハイタレントとその他の安上がりな労働力を選別的に養成する人材選別機能を文部省に求めた。それは、工業高校などの職業高校の増設と高校の多様化につながり、結果として中等教育制度から教育の機会均等原則はなし崩しになっていった。

それが、今回の新自由主義教育改革のもとでは、国際競争に勝ち抜けるエリート養成によって国力を高めることこそが「教育の公共性」であり、全体を平等に底上げする必要はないとする発想のもとに、財界は、エリート養成に重点的に資源配分した複線的な学校体系を求めるようになったのだ。

1996年には、政府の行政委員会による「規制緩和の推進に関する意見（第2次）——創意でつくる新たな日本」において、公立学校間の「格差」の導入と「保護者の選択」の推進が打ち出され、東京都足立区において日本で初めての実質的な学校選択制が導入された。翌年には文部科学省通知「通学区域の弾力的運用について」により、「いじめ」などの事情があれば保護者の学校選択が容認される道が開かれた。翌1998年には学校教育法が改正され、中等教育学校（公立中高一貫校）が法制化された。国会審議でエリート校になることが懸念され多くの付帯決議をつけた法制化であったにもかかわらず、各地で高倍率の人気校が出現することになった。

これらの新自由主義改革と新保守主義的な改革との結合が明確に示されたのが、2000年の「教育改革国民会議」による「17の提案」だった。学校選択制、習熟度別学習、飛び級制度、リーダー養成といった提起とともに、道徳教育、奉仕活動、家庭教育の重視、出席停止などの厳罰主義といった新保守主義的な提起が併記された。新自由主義を下支えしていくために利用される「学校参加」制度ともいえるコミュニティスクールもここで初めて登場する。さらには、教育基本法の見直しも初めて具体的に提起された。これらの提案のいくつかは速やかに制度化、推進されていくことになった。

すでに90年代から始まっている新自由主義的な経済政策による格差化で増大した生活困難層や早期にドロップアウトする層に対して、治安維持的な役割、社会統合的な役割が学校教育に求められるようになったといえよう。

2　新自由主義教育改革の全体像出現と教育基本法改悪

２０００〜２００７年の全国学力テスト導入まで、東京は石原都知事の下で新自由主義教育改革の先行自治体であり、日本におけるその最初の実験台でもあった。

学校選択制が品川を出発点に東京、埼玉で拡大し、２００３年に荒川区が全国で初めて小１〜中３を対象とした一斉学力テストを開始した。結局、07年までに東京都23区中19区、26市中９市が選択制を、14区が独自の学力テストを導入することになった。都自体も04年から学力テストを導入し、保護者へのアカウンタビリティ（説明責任）を理由に自治体順位を公表した。足立区など順位が下位の自治体では、テスト対策と称して夏期休業中の補習や学校二学期制導入など、結果が検証されていない施策が実施されるようになった。しかし、政府や財界の推進にもかかわらず、学校選択制は首都圏以外で拡大しなかった。

他方、東京の学テは明らかに、２００７年の全国学テの呼び水になった。また、財界、政府の直接の意向を受けて、たとえば経団連の奥田ビジョンの教育分野の策定委員である小松郁夫氏（国立教育政策研究所、当時）が教育改革に関わっていた品川区、足立区、杉並区などにおいて、先行的な教育改革が行われた。それらの自治体のいくつかは、内閣府の総合規制改革会議により教育特区認定を受けることで、小学校英語教育や小中一貫教育などの財界、政府の意向を受けた改革をリードしていった。

このように、東京で改革が先行した背景には、東京が最も産業構造の転換に成功した自治体であり、求められる人材に大きな変化が生じたことがあげられる。すなわち、従来の製造業、小売業などからサービス業、情報、金融、多国籍企業の本社業務などへの劇的な転換が行われたのだ。

また、１９９９年以来、強権的なキャラクターの石原都知事のもと、新自由主義教育改革を推進するために、抵抗勢力となる学校を中心とした共同を解体し、学校現場から異端を排除するために極端な新保守主義的政策が行われた（進藤、２００４）。２００３年の10・23通達による、学校行事の「国旗」掲揚、「国歌」斉唱の事実上の強制とそれに伴う懲戒処分、性教育バッシングにつながった都立七尾養護学校の性教育教材没収事件などが特徴的である。

そのような先行自治体における実態から次第に改革の全体像がうかびあがっていく。２００５年、経団連は、全国学テを軸にした学校選択制、学校・教員評価、教育バウチャーによる「教育機関内の競争促進」の提言を行い、内閣府の経済財政諮問会議は「骨太の方針２００５」において、全国学テの実施、学校ごとの結果公表などを提唱した。

そして、教育基本法が改正された２００６年には、政府内で新自由主義教育改革の全体構想が出そろっていたといえよう。同年3月に公表された内閣府の規制改革・民間開放推進会議（後の規制改革会議）による「規制改革・民間開放推進3カ年計画」にその全貌を見ることができる。

太字体の項目は、同年公表された「教育再生会議」の第1次報告と重複している項目である。

Ⅰ　教育内容
①全国的な学力調査の実施
②学校教育の質の向上を促す学校選択の普及促進
Ⅱ　教師
③教員免許状を有しない者の採用・選考の拡大
④特別免許状の活用の促進
⑤任期付き採用制度の活性化

⑥教員養成における公正性の確保
⑦指導力不足教員を教壇から退出させる仕組みの確立
Ⅲ　学校・教育委員会
⑧児童生徒・保護者の意向を反映した教員評価制度・学校評価制度の確立
⑨校長評価制度の確立
⑩学校に対する情報公開の手低
⑪教育バウチャー制度の研究

このように全国学テを中心に英米の改革をモデルにした制度構想が出そろった時点で、戦後初めて、教育基本法「改正」が8ヵ月間の集中審議を経て与党により強行されることになった。教育基本法「改正」の主要なねらいは、以下のような教育の新自由主義的及び新保守主義的再編である。当初、野党による批判の論点はばらついていたが、国会審議の中で新自由主義教育改革の争点、学力テスト体制の弊害が次第に明らかにされていった。

第1に、新自由主義教育改革の要である全国学力テストを実施するために、教育内容・方法に行政が自由に介入できるように地ならしをする。そのために、「教育の自由」および、教育と教育行政を峻別する条文を削除する。さらに、政府の望むとおりに教育を再編できるように「教育振興基本計画」を定める権限を政府、自治体に持たせる。

第2に、「道徳」を教育基本法第2条「教育の目標」に格上げし、学校教育のみならず家庭、社会、地域のあらゆる教育活動に国が特定した徳目がかぶさるようにする。その徳目の中には「国を愛する態度」も含まれる。

第1の点についていえば、従来の教育基本法では、第1条「教育の目的」は、「人格の完成」という特定の価値強制になじまない項目を冒頭に掲げ、憲法価値を習得した「国民」の育成を後半に配していた。すなわち、「国民」である前に、普遍的人間として人格が形成されることが求められていたのだ。国民である前に「人間」であることによって、国がもしも方向を誤ったときにそれを是正し、よりよいものを創造していくことが可能になる。

そして、そのような目的を実現するために、第2条「教育の方針」および第10条「教育行政」という、戦後初期の「教育基本法解説」によれば「セット」になるべき内容の条文が位置づけられていた。すなわち、第2条では、第1条「教育の目的」を実現するために「……学問の自由を尊重し、実際生活に即し、自発的精神を養い、自他の敬愛と協力（by mutual esteem and cooperation）によって、文化の創造と発展に貢献するよう努めなければならない」とされていた。言い換えれば、「人格の完成」のためには、権力が介入しない自由な空間である学びの場において、教えるものと教えられるものとの尊敬と共同の関係、人格的なふれあいが求められるのだ。

また第10条1項の「教育は不当な支配に服することなく国民全体に直接責任を負って行われるべきものである」の条文は、教育活動において直接子どもに接する教師だけが国民全体に対して直接責任を負うことができると主体であると解釈された。加えて第2項で「教育行政は……諸条件の整備を目標として行われなければならない」と、教育行政は、中身に介入せず条件整備に徹するべきという、国や教育行政に対する〝歯止め規定〟の役割を果たしていた。戦後の多くの教育裁判において、国の教育内容に対する介入を規制する約割を果たしてきたこれらの部分は、「改正」で徹底的に削除された。文科省にとって「教育の自由」に関わる条文によって全国学テが阻止されるような、1960年代の悪夢はあってはならないものだった。このような法整備は、直後に控える全国学力テスト導入に不可欠なものだった。

第2のねらいについていえば、従来のリベラルな「教育の方針」の完全削除にかわって、学習指導要領の「道徳」の内容4領域（①自分自身、②他の人とのかかわり、③自然や崇高なものとのかかわり、④集団や社会とのかかわり）に対応した1号〜5号の項目が第2条に置かれることになった。その、①自分自身、②他の人、③自然や崇高なもの、④集団や社会、という配列は、①、②のバラバラな個人を〝国家〟といった観念的、人工的な集団にまとめていくために「跳躍台」として③に超越的な内容である「自然や崇高なもの」を置くという構造を意図されたものだった。

この「法律に格上げされた道徳」が、第1条で新たに導入された「国家……の形成者として必要な資質」を具体化していくための第2条「教育の目標」に位置づけられることにより、それより後の条文に関わるあらゆる分野の教育、教科内容に優先されることになる。さらに学校教育、社会教育のみならず、新たに導入された「幼児教育」「高等教育」「家庭教育」「地域」など、それまで公教育に比して自由度が高かった領域にも、すべて国が定める「道徳」がかぶさっていく可能性が生じた。しかし、この時点で、この仕組みは十分に活用されることはなかった。

また、新2条に格上げされた4領域構成の「道徳」は、翌2007年に改正された学校教育法の第21条「教育の目標」の、1号~3号にも盛り込まれることになった。それは、1947年の制定以来、主に「社会科」に対応した内容だったものだ。さらに、翌年に改訂された学習指導要領においても、総則および道徳のみならず各教科の内容にも徳目に関わる内容が大幅に盛り込まれた。たとえば「伝統や文化」についていえば、社会科の詳細な内容にわたるまで拡大されていた。

いずれにせよ、そのような万全の条件整備のもとに、翌2007年、全国学力テストが実施された。その内容は、OECDのPISAの内容に応じてA問題「基礎」とB問題「活用」から構成されていた。しかし、それは実際に学校現場で行われている学習指導要領に応じた教育内容とはかけ離れたものであった。この時点では、PISA型学力と学習指導要領の内容の間に明らかに齟齬があったのだ。

日本が改革のモデルとする英米では、それまで存在しなかった教育内容のスタンダードの設定と一斉テストの導入はセットになっていた。しかし日本には、1958年以来、文部省が法的拘束力を主張する学習指導要領が教育課程の「大綱的基準」として存在していた。だからこそ、たとえば1990年代のアメリカにおけるスタンダード設定運動のモデルは、国際的に学力が高いと評される国、日本の学習指導要領ですらあったのだ。

その整合性をはかるために、教育基本法「改正」直後の２００８年改訂版学習指導要領にはＰＩＳＡの「基礎」「活用」が、形式的な形で導入された。すなわち、「基礎」は基礎的な内容の反復学習であり、「活用」は発表、報告、討論、実験、観察などを行うものであったのだ。「読解力」といった、ＰＩＳＡのキーコンピテンシーの主要な内容もパターン化されて紹介された。それらのイメージはきわめて貧弱なものだった。

むしろ全国学テは、この時点では公私立を含む全ての学校に「学校評価」の網の目をかけるためのものであった。競争的環境を作り出し、学校や自治体を強力な中央の統制下におくことが主要な目的とされた。文科省は教育内容統制や道徳教育強化にはきわめて積極的であったが、自らの立場を掘り崩していく可能性もあるような学テ「結果」公表による公教育再編まで望んでいたわけではなかった。文科省の全国学テ実施要綱では、「序列化や過度な競争につながらないよう十分配慮する」とした上で「都道府県教育委員会は域内の市町村及び学校の状況について個々の市町村、学校名を明らかにした公表は行わないこと」と留意している。ただし、「個々の学校が、保護者や地域住民に対して説明責任を果たすために、自校の結果を公表することについては、それぞれの判断に委ねること」と、自己責任による結果公表の可能性を残している。また、文科省は学校選択制導入などに対してはむしろ慎重だった。従来の教員人数に応じて教育費を配分する義務教育費国庫負担制度は文科省の存在を支える基盤であり、新自由主義教育改革の中で、生徒

１人当たり教育費配分や学テ結果に応じた配分が行われることには消極的だったのだ。

さらに、学力テスト内容が具体的に財界の求める「人材」養成のための「学力」と直結しているわけではなかったし、そもそも財界が求める「学力」自体がまだ不明瞭なものであったと思われる。その「学力」にピントが合うためには、新自由主義教育改革「後期」の時期を待たなければならなかったのだ。

３　停滞に財界が業を煮やしての大阪改革、そして「後期」へ

学力テスト体制と道徳支配の条件整備が整ったにもかかわらず、第１次安倍政権の失脚とその後の民主党への政権交替の時期、新自由主義教育改革は挫折、停滞することになった。

しかし、それは必ずしも政策的な挫折だけではなかった。すでに福田政権に移行した２００８年、東京都の江東区は小学校の選択制の見直しを決定し、それに続いて前橋市、長崎市、杉並区（２０１２年）などが廃止を決定した。町会長など保守層も含む市民が、地域の教育力の低下、統廃合の強行などを理由に反対したのだ。新自由主義教育改革に反対する地域の共同が出現していた。ただし、いくつかの自治体では、選択制で小規模化した学校の統廃合計画が公表された直後に用なしになった選択制が廃止されたものだった。この年以降、全国的に見ても学校選択制はほとんど導入されなくなっていく。２００５～07年度がピークになりその後減少していることが

わかる。それは、学校選択制による統廃合から、小中一貫校制度を利用した統廃合への移行の時期に重なっている。

また、全国学テ開始後、東京都および都下の区市レベルの学テの多くは実施されなくなっていった。まさに、東京の学テは、全国学テの〝呼び水〟としての役割を果たしただけだったのだ。2008年から、東京で新たな新自由主義教育改革が行われることはなかった。その後、2012年以降、東京の学力テストは対象学年や教科などを拡大しバージョンアップして復活してくることになる。

2009年、急激な経済格差や福祉の切り捨てなどに対する国民的不満を引き受ける形で、構造改革を批判し、限定付きではあるが福祉国家的路線をとった民主党へと政権交代が行われた。教育政策の中で民主党政権が行った高校授業料無償化や子ども手当て支給は、特に後者については個人に対する現物給付という限定的なものではあったが、国民の要求を受けた福祉国家的政策であったといえよう。

また、全国学テが悉皆調査から、約40％の抽出調査に制度変更されたことは大きな意味を持つことであった。悉皆調査の場合にかかった経費約70億円がコストカットの対象になり、民主党政権の行政刷新会議のいわゆる「事業仕分け」が大幅縮小を求めたものだった。サンプリングテストの参加率は約40％とされたが、自主的に100％の学校が参加する自治体は11都県に上った。しかし、前述のように学テの当初の目的は、「学力」向上よりむしろ評価の網の目を全ての学校にかけ、自治体、学校間の競争的環境を作り出すことであったため、新自由主義教育改革の中核部分が後退することになった。

さらに、教育基本法改悪に伴って実現する可能性があった教育への道徳支配体制についても、民主党政権下で大幅に後退することになった。２００２年以来、文科省発行の「道徳」の副教材として全公立学校児童生徒に配布されていた「心のノート」も、民主党政権の予算事業検証によって「廃止」に分類されたことは、文科省にとっても大きなダメージであった。これらの背景には、民主党の支持母体となっている日本教職員組合（日教組）の影響があったことは否めないだろう。

これは、財界にとっては時間をかけて進展させてきた新自由主義教育改革とそれによる新しい産業構造やグローバルな世界に向けた〝人材養成〟の大幅な停滞であった。また、それはすでに、第1次安倍政権の下で進められつつあった「改憲、軍事大国化」の停滞でもあった。

しかし、停滞の時期は短かった。前述のように、渡辺治は、第2次安倍政権の政策を評して、新自由主義改革の「後期」ととらえる。「前期」には、改革の障害物になる福祉国家的、開発主義的既存制度の破壊がめざされ、首相直属の経済財政諮問会議や規制改革会議が中心になって財政削減や既存の体制を壊す役割を果たした。それに対し、「後期」では、より積極的・包括的なグローバル企業を支援するための制度作りが求められるようになり、「特定産業部門に補助金や税制など国家の力を使って積極的に大企業支援体制の構築に取り組む」ことが求められるようになった。そのために、産業競争力会議、国家戦略特区諮問会議などの諸会議の分立が行なわれ、競合した勢力が改革の担い手になっていったというのだ。

その動きはかなり早い段階から始まる。第１次安倍政権のもとで進められた日本の軍事大国化路線は、安倍の失脚後はトーンダウンしていったのだが、安倍政権が組織し、集団的自衛権行使の実現を検討していた「安全保障の法的基盤の再構築に関する懇談会」（安保法制懇）はその後も継続された。さらにそのメンバーを引き継いで、「安全保障と防衛力に関する懇談会」（安保懇）が２００９年８月の政権交代直前の麻生政権のもとで報告を提出する。それは、「自由で開かれた国際システムの維持」といったグローバル企業が望む世界を露骨に表明したものとなった。そこでは日本の歴史認識の問題が「対外政策の遂行にとって制約要因」となると批判されていた。

すでに２０１０年６月に民主党政権によって閣議決定された「新成長戦略」は、「『強い人材』――持続可能な成長を担う若年層や知的創造性（知恵）（ソフトパワー）の育成は、成長の原動力である」と改革の方向性を示し、首相官邸、経済産業省を中心にした、特定成長産業の指定、「グローバル人材」養成の論議が活発化していく。同年にスタートした財務省の財務総合政策研究所「人材の育成・活用に関する研究会」は２０１１年の報告において「大学を頂点とする『単線型』から、義務教育終了時で職業教育に移行する経路を拡充することにより『複線型』へ移行する」と人材育成システムの変更を提起していた。

震災直後の２０１１年５月には経産、文科、外務、厚労など関係閣僚を委員とする「グローバル人材育成推進会議」が、政府の新成長戦略実現会議の下に設置され、6月に中間まとめを公表した。同月には、日本経団連による「グローバル人材の育成に向けた提言」が公表され、大学教育の質を保証するために「高大接続テスト」の導入が提起されている。

文科省においても11年6月に開始された中教審の第2次振興基本計画策定部会では、当初から「国際的な労働市場で必要とされる人材の育成」「成長分野を支える人材づくり」「人的資本」といった同様の方向性が示され、12月には「複線型」に向けた提起が出現した。この改革構想は翌年末の自民党の教育再生本部、そして政権奪取後の教育再生実行会議、すなわち安倍政権の教育改革の新自由主義的な部門の方向性をすでに決定していた。

教育改革に即してみると、これまでのように単に競争的環境を作るのではなく、政府が積極的に成長産業を指定しバックアップしていくことと並行して、「学制改革」の名のもとに、財界が求める人材を養成できるように、公教育を意図的に序列的に再編し、実質的な複線化を進める段階に至ったといえる。

２００８年の選択制の挫折が、小中一貫校制度を利用した統廃合にとって替わられた事態は、そういった意味では象徴的なできごとだった。学テ結果公表と選択制によって手間暇かけて、コストがかかる無駄な学校をつぶすよりも、圧倒的に速やかに目的にそった学校のスクラップ・アンドド・ビルドが可能になる。それも反対運動の替わりに、エリート校創設の保護者の礼賛の声を受けて行われるようになる。

また、「前期」の学力テスト体制が、「学力」向上を口実にしながら、じつはテスト「評価」の網の目を全ての学校にかけて競争させ統制していくのが目的であったのに対し、「後期」には、求められる「人材」や「学力」の内容にピントが合ってきたともいえる。それは端的に言ってグローバリズムに応じた人材養成、すなわち「グローバル人材」の内実が具体化されてきたことを反映している。

2010年～2011年のこの急激な「グローバル人材」養成、複線化への要求はおそらく、2011年に急展開した大阪の新自由主義教育改革と直結していると思われる。それは当時、あたかも2011年1月に東京の石原都知事が教育改革の〝失敗〟を宣言したことを受け、新自由主義教育改革の先行的なターゲットが東京から大阪に変更されたかのような印象を与えるものだった。3月の東日本大震災の後、予想に反して石原氏が都知事選に出馬し、政策論議など行われもしない混乱の中で再選された事態に象徴されるように、大震災の混乱は、新自由主義にとってまさに拡大のチャンスだったのだろう。しかし、民主党政権は改革を望む財界や政界の声にとって重い足かせになっていた。大阪の改革は、まさに財界が業を煮やしたものであるかのように、政財界の主張にそったものであった。

すなわち2011年9月に、橋下府知事のもと、突然、大阪府議会、大阪市議会、堺市議会に提出された「大阪府教育基本条例」案は、首長が教育目的を設定するなどその教育権限を強化し、教育委員会の独立性の「見直し」など、国の改革を先取りする性格を有していた。また教育行政への積極的な政治関与によって「愛国心及び郷土愛に溢れる人材」「グローバル社会に十分に対応できる人材」を育てることが目標とされた。

個別の制度改革としては、①トップダウンの施策を支え教科書採択に権限を有する「学校協議会」の設置、②校長公募制の導入と権限拡大、③教職員の管理強化、分限免職のようなきびしいペナルティを課す人事評価の導入、労働条件の改悪、④学力テストの結果公表、⑤小中学校の学校選択制の導入（結果による学校統廃合と直結させると明言された）、⑥高校への実質バウチャー制度の導入、などがあげられる。これはまさに、英米モデルの新自由主義教育改革の全体像に合致したものであるとともに、望まれる「グローバル人材」「愛国心」といった教育内容や人材観についてダイレクトに首長が要求してくる「後期」新自由主義教育改革の特徴を備えたものである。同条例案は学校現場や一般市民、弁護士会などからの広範な批判を受け、市議会での否決後、文言、内容が修正された別条例として可決される運びとなった。すなわち２０１２年３月に大阪府教育行政基本条例および大阪府学校活性化条例が、５月に大阪市教育行政基本条例、そして７月に大阪市立学校活性化条例がそれぞれの議会で可決され、条例化される運びとなった。

教育学者の谷口聡は、大阪府がグローバル社会に対応した人材育成として「成長を支える基盤となる人材」と「国際競争を勝ち抜くハイエンド人材（高付加価値を創造する人材）」という二つの人材像を上げ、後者の育成を目的とした「進学指導重点校」を10校指定し、１億５千万の追加的予算措置を行っている点を、「〝選択と集中〟による予算配分によってエリート人材の育成を図る」政策の実現と分析している（谷口、２０１３）。

この一連の政策は、シカゴ市などアメリカの先端的な自治体の教育改革に近い、典型的な新自由主義教育改革である。二つの人材養成、すなわちグローバルエリートと、それを支える非エリートの養成、といった特性も後述するようにシカゴ市の教育改革と共通するものである。ただし、テスト「結果」に応じた教職員に対するペナルティといったアメリカの改革以上に、橋下府知事独自のポピュリズム的な公務員バッシングの特色と「国歌」強制など新保守主義色が、教員政策に強く現れている点は特徴的である。

また、民主党政権の高校無償化を発展させた低所得層（年収６２０万円以下）向け私学授業料の実質無償化は、「パーヘッドファンド」と称する入学者数に応じた学校への助成を伴ったため、私立高校による入学者の過度な獲得を招いた。それは大阪府教育行政基本条例によって、３年間定員割れをした府立高校の「配置を見直す」措置の導入によって、府立高校統廃合を招くことになった。公立校をつぶすために、公立と私立を競わせる英米型の改革（バウチャー制度）が日本で初めて導入されたケースといえよう。これは、チャータースクールをモデルにした公設民営学校を導入して公立つぶしを開始するかどうかのテストであったのかもしれない。そして大阪は「合格」したのだ。

２０１４年秋に突然、大阪府教育委員会により廃校対象に指名された2校は、私学に入学者を奪われ定員割れしたいわゆる「底辺校」であった。しかし、たとえば大阪市にある府立高校は地域の不登校生徒を受け入れるなど、公立校ならではの特色ある役割を果たしてきており、地域の支持を集めていた。廃校計画に対しては大規模な反対運動が起きている。このように、橋下氏が強権的に改革を進めようとしても、学校と地域が強い結束力を持つ大阪で、たとえば小中学校の選択制や統廃合に対しては地域からの強い抵抗を受けることになった。

さらに、２０１５年４月、大阪府教委と大阪市教委は、中学３年生の全国学力テストの学校別正答率を高校入試の内申点の評価基準に反映させることを公表した。今年度から内申点を相対評価から絶対評価に切り替えたことから、学校ごとに基準にばらつきが出ることを理由にしたものである。高校入試という生徒にとって非常に切実な評価に学テを利用することによって、これまでアメリカのような学力テスト結果を指標にした一律の「報酬」やペナルティが存在しなかった状況を一歩進めたものといえよう。

このように、学テ導入、結果公表、選択制、統廃合といった競争的環境を作り出す教育改革は東京と大阪で導入が計画され、東京では実質的に挫折し、大阪では多くの抵抗に直面したかに見えた。しかし、よりダイレクトに企業が望む人材養成を行う学校制度へのシフトが、特に大阪では着実に進められていた。

4 「後期」新自由主義教育改革の本格化——第2次安倍政権へ

安倍「教育再生」の全体像を提起したかに見える教育再生実行会議の提言以前に、改革のおよその全体像は自民党の教育再生実行本部によって示されていた。その実行本部の案も、2010年以降に、財務省、経済産業省、文科省生涯教育政策局などが示してきたプランにそったものであった。教育改革のルートは安倍登場以前に敷かれていた。

2012年10月、安倍氏は自民党総裁に選出され、直ちに経済再生と教育再生の二つを最重要政策に設定した。それを受けて自民党は、首相直属の諮問機関として国会議員らからなる日本経済再生本部及び教育再生実行本部を設置し、スピーディーに計画、提言作成に着手することとなった。

教育再生実行本部は、同年10月23日初会合を持ち、後に文科大臣となる下村博文氏を代表として、「基本政策部会」「いじめ問題対策分科会」「教科書検定・採択改革分科会」「大学教育の教科分科会」「教育委員会制度改革分科会」を開設した。筆頭に置かれた「基本政策分科会」では「平成の学制改革」が中心的課題として提起された。前述のように、「学制改革」すなわちグローバル企業が求める人材養成のための「学校制度の複線化」はすでに、前年の2011年から財務省、経済産業省関係の団体、中教審の「第2次教育振興基本計画策定部会」で提起されていたものだった。教育振興基本計画については文科省の生涯学習局が原案を作成していた。

同会議は、12月の総選挙に向けて「安倍カラー」として政策を政権公約に反映させることを目的として集中的に審議を重ね、11月21日には早くも「中間取りまとめ」を公表した。そこでは、「基本政策部会」において「現在の単線型でなく、多様な選択肢（複線型）」を可能とするため、「6・3・3・4制の見直し」により、「平成の学制大改革」を行い、「幼稚園・保育所・認定こども園を活用して、５歳児教育を義務教育化する」ことが提起された。さらに、「学制改革」に続いて、「大学入試改革」「大学教育改革」「教育委員会制度改革」の順に提起され、グローバル人材を輩出するための大学教育の改革が前面に出された。「いじめ問題対策」「教科書検定採択」については後半に置かれることになった。12月の自民党による政権奪回、第２次安倍政権発足に伴い、首相の私的諮問機関として教育再生実行会議が速やかに閣議決定（２０１３年１月15日）されたのと平行して、実行本部は「政権与党として」「人造りは国造り」を基本として４つの検討課題を提示する。それは①平成の学制大改革、②大学入試の抜本的改革、③新人材確保法の制定、④学力向上の４点であり、「いじめ」「教科書」は消えていた。

13年４月８日には、この④の課題に対応して「成長戦略に資するグローバル人材育成部会提言」が公表され、財界が求める「グローバル人材」像が明確化される。すなわち、「日本人としてのアイデンティティや日本の歴史、文化に対する深い教養」を前提に、①英語教育の抜本的改革、②イノベーションを含む理数教育の刷新、③国家戦略として、情報通信技術の活用をはかる

ＩＣＴ教育が「グローバル人材育成のための3本の矢」であると具体的に提起されたのだ。
この後の、学校現場における英語の重視策や大学の理数系学部の優遇措置などさまざまな形で怒濤のような実現化が行われていくことの出発点がここに見られる。そして、「成長戦略上最も投資効果が高いのは教育」であり、「トップを伸ばす戦略的人材育成」すなわちエリート教育に重点的に資源配分していくことが明文化された。投資効果が高い領域に重点的に資源を配分し、その他の領域では個人が自己責任で「生涯学習」の名のもとに学び直して対応しろ、ということなのだ。

この直後の6月14日には足並みをそろえるように、政府の「日本再興戦略」および文科省の「第2次教育振興基本計画」が同時に公表される。前者においては、国家が重点的に支援する成長産業の特定化（医療、健康、エネルギーなど）と雇用制度改革・人材力の強化がきわめて具体的に提起された。後者においては、「教育への投資が、真に教育力の向上、人材力の強化という成果につながるよう、効果的・効率的に投入されなければならない」ので、「教育における多様性の尊重」（＝学校体系の見直しを含む）――エリート教育と非エリート教育を早くから分けること――と、「生涯学習社会の実現に向けた『縦』の接続」（6・3・3・4制の接続に関わる）――非エリートは自己責任で生涯のさまざまなチャンスにおいて学び直せばいい――といった基本的方向性が示された。

ここまでで、「平成の学制大改革」の全体像はほぼ見えている。その後の教育再生実行会議の提言は、その後付けに過ぎないと思われる。すなわち、第3次提言「これからの大学教育等の在り方について」(2013年5月28日)、第4次提言「高等学校教育と大学教育との接続・大学入学者選抜の在り方について」(2013年10月31日)、第5次提言「今後の学制等の在り方について」(2014年7月3日)の内容は、それまでに提起された「平成の学制改革」にそったものであった。

財界、財務省や経済産業省、文科省生涯学習局、自民党がイメージする「学制改革」とは以下のようなものであろう。

① 大学教育のグローバル人材養成のための多様化と入試改革――「グローバル人材」育成のために大学を大幅にスクラップ・アンド・ビルドする。それを容易にできるように学長権限を強化する。一部の職業訓練は大学ではなく職業訓練校で対応するようにして4年制大学進学率を下げる。そのために高・大接続の大学入試要件に「高校達成度テスト」を導入する。

② 後期中等教育の多様化――中卒後、非エリート対象の5年間の職業準備機関へ進学する層を増やし、後期中等教育を一層多様化させる。

③ 初等教育の多様化――6・3・3・4制の見直しとしての小中一貫教育の導入と5歳児義務教育化により、初等教育を多様化させる。ただし、小中一貫教育の主たる目的は統廃

合であり、コスト削減によりエリート校により資源を集中させる。

その中でも、グローバル人材と直接結びつく、大学教育および後期中等教育が中核的な部分であり、③の初等教育の多様化については、統廃合を促進してコストを削減する意味合いがきわめて大きいと思われる。初等教育に関しては、本格的なエリートコースの創設というよりも、全ての子どもに平等な公教育を提供する、という基本原則を崩して、一部を優遇し他を切り捨てていくことが優先される。

さらに、２０１５年3月5日、教育再生実行会議第6次提言が公表された。そこでは、これまで教育振興基本計画などで提起されてきた生涯学習の振興（自己責任で学び直して新たな職業に対応せよ）とともに、コミュニティスクールの全学校への拡大が提起された。すなわち「全ての学校において地域住民や保護者等が学校運営に参画するコミュニティスクール化を図り、地域との連携・協同体制を構築し、学校を核とした地域づくり（スクール・コミュニティ）への発展を目指す」というのである。

たしかに、同制度は、運用によってはそのような可能性を有すると思われるが、この間進められてきた新自由主意政策の中では、トップダウンの施策を下支えしていく地域の保守的再編につながる制度として利用されてきた。それは、行政が計画した「統廃合」であるのに、「下からの要求である」と読みかえられていったような京都市のケースに代表される。提言の中でも、「小中一貫教育の取り組みと連携して進めることも効果的」であると述べられ、統廃合と直結してくることも考えられる。

5　安倍政権の新保守主義改革

他方、第二次安倍政権は、道徳や教科書検定制度改革など新保守主義的教育改革を強力に打ち出している。政財界や実行本部の主たるターゲットは「学制改革」であったにしても、教育再生実行本部は当初「教科書検定・採択部会」を設置し、安倍氏自身は２００６年教育基本法「改正」後にいったんは挫折した道徳教育体制の確立を強く主張していた。

しかし、新自由主義教育改革とは別ルートで、教科書検定・採択制度の「改正」については、自民党の実行本部の提起を受けて、文科省は下村文科大臣を代表とする「教科書改革実行プラン」に基づき、２０１３年１月17日に教科書検定基準の一部を改正した。これは２０１４年度の中学校教科書から適用となる。これによって、教育基本法第２条の道徳規定に基づく適性審査が行われ、政府の統一見解の併記が求められるようになった。

また、道徳強化については、いじめ問題に対する世論が利用された。教育再生実行会議が２０１３年２月26日に最初に公表した第１次提言は「いじめ問題等への対応について」であった。２０１２年７月以降、大きくマスコミで取り上げられた大津いじめ自殺事件のような「教育の異常事態」を理由として、「教育再生」の必要性を広く国民的世論に訴えたのだ。他のいじめ自殺事件と大きく変わるわけではない、典型的ないじめ自殺事件であったにもかかわらず、ワイドショーなどで取り上げられたこの事件は最大限に利用された。すなわち、いじめはあってはならないものであり厳重に防止するために国が防止対策推進法を制定し、さらにいじめの事実を隠蔽し責任をとる体制が存在しない現行教育委員会制度の改革が必要だ、という理由付けが用いられた。

教育委員会への首長権限を強化し、教育行政の住民自治の道を狭める教育委員会制度改革に対しては、教師や市民らから全国的に批判の声が上がったが、推進側は「教育村の人々が特別なことをいっている」とうそぶき、反対運動を押し切った。提言後、中教審の答申を経て２０１３年速やかに法制化された「いじめ防止対策推進法」は、道徳教育の強化とゼロトレランス的な管理体制を盛り込んだものとなった。

また、提言の「道徳強化」を受けて、文科省が結成した同年12月の「道徳教育の充実に関する懇談会」は「道徳」の「特別の教科化」を提案した。さらに、安倍政権が復活させた文科省発行の道徳教育用教材「心のノート」を２０１４年度から「私たちの道徳」にバージョンアップさせた。文部科学省の諮問を受けた、２０１４年12月に公表された中教審答申「道徳に係る教育課程の改善等について」では、道徳の「特別の教科化」、国家基準に基づいた教科書検定制度の導入、「評価」の導入などのさまざまな改革案が示され、学校教育法施行規則及び学習指導要領の「改正」が予定されている。

財界の求める「グローバル人材」に求められるのは、英語教育、理数系教育、ＩＣＴ教育といった具体的な教科内容に関わる領域以外に、「日本人としてのアイデンティティ」「国を愛する態度」などの新保守主義的な内容である。そこには、「日本の近現代史に対する誇り」などもあげられる。さらに、競争と選別の中で大量にドロップアウトする可能性のある「余剰労働力」に対するゼロトレランスや厳罰主義など生徒指導的側面を有する複合的なものが求められる。

教育政策分析を専門とするアメリカの教育社会学者のポーリン・リップマンは、ゼロトレランスもグローバル人材育成の一つの特性であるとする。有色人種や貧困層からなる非エリート層が産業構造の転換によって低所得化した際に、犯罪を防止し治安を維持すると同時に、規律正しい人材養成を行うための方途として位置づけられるというのである。かつて製造業などに従事していた非エリート人材は、グローバル・エリートを支える下層サービス業などに従事するようになるのだが、その数は限られ、多くの「余剰人材」が生み出されるようになる。エリート層のみならず、それを支える非エリート層も含めて、「グローバル人材」であるという指摘は注目に値する（Lipman, 2006）。

6　学校統廃合の促進へ――新「手引き」

「平成の学制大改革」の非エリート部門のコスト削減を行っていくために最も有効な学校統廃合については、58年ぶりに学校統廃合の「手引き」が改正されることになった。2015年1月に文科省が、「公立小学校・中学校の適正規模・適正配置等に関する手引き」を公表したのだ。

戦後の学校統廃合政策は次のように変遷してきた。まず、58年前の最初の「手引き」である1956年の文部省次官通達「公立小中学校の統合政策について」は、公立小中学校の標準学級数を「12～18学級」とし、小学校で4キロ以内、中学校で6キロ以内を通学距離圏内とした。1950年代のいわゆる〝昭和の大合併〟、すなわち行政効率化を目的とした市町村合併を進めるために、「市町村建設促進法（1953年）」等のもとで、合併して統合校を建設する場合には、校舎建設費の国庫補助率引き上げ（3分の1を2分の1に引き上げ）といった優先的な財政援助、地方債の財源許可などが認められた。その結果、約1万あった全国の自治体数は約3千にまで減少した。「12～18学級」という数字は「人口8000人に1中学校が望ましい」とする行政効率性から算出された数字で教育学的根拠はない。「小規模校は教育的効果が低い」という説もたんなる「俗説」にすぎないが、つねに行政によって利用されることになる。

その後、1970年代に地方の過疎化が進む中で、1970年の「過疎地対策緊急措置法」により、校舎建設費の国庫補助率が3分の2にまで引き上げられ、全国で多くの学校統廃合と反対による紛争さらには複数の裁判闘争を引き起こす結果になった。

１９７３年、国会において山原健二郎国会議員（日本共産党・高知県選出）は、根拠のない「12～18学級」基準で機械的に行われる統廃合が、いかに子どもたちと地域コミュニティにダメージを与えるか実証的に批判し、１９７３年の文部省のいわゆる「Uターン通達」を導き出した。山原議員の選挙区である高知県では、山間僻地の小規模校が百数十校廃校になり、寄宿舎生活を余儀なくされる子どもたちも出現していた。

通達において、文部省は、「教職員と児童・生徒との人間的な触れ合いや個別指導の面で小規模校としての教育上の利点も考えられる」ため「小規模校として存置し充実するほうが望ましい場合もある」と、統廃合推進政策を改めるに至った。

さらに当時の多くの統廃合裁判の判例の中でも、１９７６年6月の名古屋高裁金沢支部判決は統廃合で徒歩通学の機会が失われることにより「人格形成上、教育上の良き諸条件を失う」と、徒歩通学が子どもの人格形成に果たす役割、地域の人々や自然との触れ合いの重要性についても判示し、廃校処分の取り消し請求を認めた画期的なものだった。この論点は、今日でもきわめて重要なものであると思われる。

しかし、90年代後半以降、地方では平成の市町村合併、首都圏での学校選択制による統廃合が急増し、２００２年頃から新たな統廃合のピークを迎えている。

今回の「手引き」で改められたのは、小学校「6学級」以下、中学校「3学級」以下校を「学校統廃合等により適正規模に近づけることの適否を速やかに検討する」こと、および、通学距離「4キロ・6キロ」は引き続き妥当とされるものの、それに加えてスクールバスなどの選択も入れて通学時間「概ね1時間以内」を「一応の目安にする」ことが追加されたことである。それによって単学級校が即廃校対象にされ、「1時間程度」のスクールバス通学が地方における通学の通常形態とされることが懸念される。さらに、単学級校のみならず全国で実際に校数が多い「7～8学級」の小学校、「4～5学級」の中学校についても、「学校統廃合の適否も含め今後の教育環境のあり方を検討することが必要」と統合対象へのグレーゾーンの位置づけがなされていて、自治体によっては統廃合対象とされていくことが懸念される。

ただし、文科省はスクールバス通学が子どもに与えるデメリットについては苦慮しているようで、「手引き」でもバス通学を利用とした「指導」方法が多数例示され、同時に行われた調査にはスクールバスに関わるアンケート項目が満載となっている。

統廃合推進の背景には、財務省による強いコスト削減の意向がある。財務省は一貫して小規模校の統廃合政策を提言し、閣議決定された「経済財政運営とその改革の基本方針２０１４」では、「距離等に基づく学校統廃合の指針について」見直しを進める、という提起が盛り込まれ、今回の改正につながった。今回の「少子化等に伴う教職員数の削減」、計画では教員４千人削減で86億円カットになり、具体的には全国で６００校を廃校にする旨が中教審で口頭説明された。

一方、文科省は、一定の規模の学校で「切磋琢磨することを通じて思考力や判断力、問題解決能力などを育み、社会性や規範意識を身につけさせる」ことが重要と「教育学的」根拠をあげている。この「切磋琢磨論」も俗説にすぎない。

しかし、今回文科省は、現在進められている「新たな時代の教育」にとって、小規模校は問題だという新しい論点を提示した。すなわち「教育課題を発見し、主体的に学びあうなどの協同的な学習を通じて、意欲や知的好奇心を引き出す」活動や、第２次教育振興基本計画にある「グループ学習、ＩＣＴ活用、協働型、双方向型の授業革新」には、「小規模校では班活動やグループわけなどの活動に制約がある」というのだ。しかし、その論証について十分に展開しているわけではない。

また、統廃合の決定に際しては、地域住民よりも「学校に具体的イメージを持つ保護者重視」の方向性が示され、「教育的効果」などの説明で懐柔しやすい保護者の意向尊重を提起している。さらに、２０１５年度に改正される首長権限を強化した教育委員会が、「大綱」で統合に関する指針や計画を示し、首長、教育長が参加する「総合教育会議」で統合を進めていくことが示唆されている。それによって住民の声はさらに反映されにくくなる。

7　学校を残すための「手引き」として活用を

しかし「手引き」には別の可能性がある。それは事情により「小規模校を存続させる場合の教育の充実」さらには「休校した場合の再開」「特認校として存続」など、統廃合を行わない選択肢についての記載が極めて充実していることである。「学校統合を選択しない場合」として、地理的制約があるケースなどとともに「学校を地域コミュニティの存続や発展の中核的な施設と位置づけ、地域をあげてその充実を希望する場合」が位置づけられているが、多くの小規模校はこれに該当すると思わる。ゆえに、むしろ、学校を残すための「手引き」として活用することを勧めたい。

そこには、総務省による、学校がなくなることによる地域コミュニティの衰退を懸念する意向が強く反映されている。閣議決定された「まち・ひと・しごと創生総合戦略（２０１４年）」の「小規模校の存続を選択する場合、更には休校した学校を児童生徒の増加に伴い再開する場合などに対応し、活力ある学校づくりを目指した市町村の主体的な検討や具体的な取り組みをきめ細かに支援する」という記載に応じた具体的施策として、「小規模校のメリット最大化策」が「手引き」にくわしくあげられている。そこにはたとえば、「社会教育との連携」「多様な考えに触れる機会の確保」「ＩＣＴの活用」など、どこでも工夫によって実現可能な課題が多く含まれている。

ただし、この「地域コミュニティ」重視の発想を逆手にとって、小規模化した学校だけでなく、その学校が含まれる地域全体を、統合計画の対象としていく「新しい学校づくり」と称する統廃合計画が、すでに東京都杉並区などでスタートしている。それによって、対象の小規模校のみならず、周囲の多くの学校が統合計画に巻きこまれることになる。文科省の新「手引き」作成委員の一人である葉養正明（文教大学教授）が、２０１４年に同区の審議会に加わり、この発想が盛り込まれている。今後、各地で拡大することが懸念される。

子どもの成長・発達にとって地域が果たす役割、さらには強引な統廃合が子どもに与えるダメージについては、教育学や心理学の研究は進められている。たとえば地域の学校が奪われることで、子どもにとっての安定的な人格形成をもたらす「原風景」が失われてしまうことも指摘されている。特に、小中一貫校、統廃合政策は、地域の小学校を子どもから奪うことにつながる。発達段階的に身近な地域の人間関係の中で生活している小学生にとって、歩いていける距離にある小学校と、それを中心にした親や地域住民によるコミュニティが成長・発達を支える役割は計り知れない。そして、改革がもたらす子どもへのダメージを具体的にあげていくことは、じつは結果が検証されていない新自由主義教育改革に対する最大の対抗軸になる。

参考文献

進藤兵「東京都の新自主主義教育改革とその背景」、堀尾輝久、小島嘉孝編著『地域における新自由主義教育改革』エイデル研究所、２００４年。

渡辺治、岡田知弘、後藤道夫、二宮厚美『大国への執念――安倍政権と日本の危機』大月書店、２０１４年。

谷口聡「現代における教育条件整備基準解体の枠組みと手法――１９８０年代半ばから現在」、世取山洋介・福祉国家構想研究会編『公教育の無償性を実現する』大月書店、２０１２年。

Pauline Lipman, *High Stakes Testing*, Routledge, 2006.

「旧小学校の廃止及び統合小学校の就学指定の各処分の効力が停止された事例」（名古屋高裁金沢支部、１９７６年）」『判例タイムズ』３４２号。

第3章　グローバリゼーションと道徳教育

１　なぜ道徳の「教科化」なのか

今、なぜ道徳の「特別の教科化」なのか。２０１３年の教育再生実行会議第１次提言は、国民世論の支持を受けやすいいじめ問題への対応を口実に、子どもの問題行動に対する「道徳教育」の重視、ゼロトレランスの施策を提起した。それを受け、同年12月、文科省の「道徳教育の充実に関する懇談会」は従来の「道徳の時間」を「特別の教科、道徳」(仮称)と「特別の教科化」することを具体的に提起し、安倍政権が復活させた文科省発行の道徳教育用教材「心のノート」を２０１４年度から「私たちの道徳」にバージョンアップさせた。そこでは、道徳の数値による評価は「不適切」としながらも、「評価は重視する」といった内容が盛り込まれた。中教審への諮問を経て、小学校では２０１８年度、中学校では２０１９年度からの「道徳科」実施が提起されることになったのである。

文部科学省の諮問を受け、２０１４年12月に公表された中教審答申「道徳に係る教育課程の改善等について」では、道徳の「特別の教科化」、国家基準に基づいた教科書検定制度の導入、「評価」の導入などのさまざまな改革案が示された。さらに2015年3月4日、文科省は、検定教科書を用いて「特別の教科化」される道徳に向けて学習指導要領の改定案を公表した。「いじめ防止に生かす指導内容」と明記した上で、3月末までに改訂して、「道徳科」として2018年度から小学校、2019年度から中学校で実施する予定となっている。

答申における「道徳性」「道徳教育」の内容は、従来の教育基本法解釈や教育学的理解とは全く異なる説明に基づいて提起されている点が特徴的だ。すなわち、教育基本法第1条の「教育の目的」である「人格の完成」において、「人格」の基礎となるのが「道徳性」であり、それを育てることが「道徳教育」の使命であり、学校教育の中核として位置づけられるべきである、というのだ。いうまでもなく、「人格の完成」とは、戦前の天皇制教育の反省をもとに、いかなる特定の価値観も強制されずに、普遍的な人間として育つことを目的とする、個々の人間のパーソナリティを開花、全面発達させるという意味を持つものである。「人格の完成」が“the full development of personality”（個性の全面的な発達）と英訳される所以でもある。

改正前の1947年教育基本法第1条は、冒頭で、この「人格の完成」をめざすとし、続いて「平和的な国家及び社会の形成者として、真理と正義を愛し、個人の価値をたっとび、勤労と責任を重んじ、自主的精神に充ちた心身ともに健康な国民の育成を期して」行われるとした。国民にかかる修飾の部分は憲法価値の実現にあたる。憲法価値を体現した「国民」である前に、普遍的な人間である「人格の完成」が求められたのである。

国家によって固定的な価値観を注入された、ただの「国民」は、国家が間違いを犯した時に誤った道を選んでしまう。「国民」である前に普遍的な人間あることこそが、国家の誤った方向を是正し、よりよい未来をつくっていくことができる、とする。これは制定当時の文部省の教育基本法解説に書かれた説明でもあった（民主教育研究所、2000）。「人格」の「基礎」が特定の「道徳性」であるとする中教審の説明は、この教育基本法理解とは全く異なるものである。

道徳の「特別の教科化」の計画が公表されてから、すでに東京弁護士会など様々な団体から、それに伴う国家による特定の価値観強制が、日本国憲法および子どもの権利条約の定める、基本的人権の尊重、幸福追求権、思想・良心の自由、信教の自由、教育を受ける権利、子どもの意見表明権など様々な権利を侵害するおそれがあることを批判する声明が出されている。

2　「特別の教科化」が持つ意味

この、道徳の「特別の教科化」はどのような意味を持つのか。文科省の「懇談会」では、①指導内容が体系的・構造的なものになる、②年間授業時数が確保される、③学習指導要領の内容に即した教材が準備され、全国水準が維持される、といった理由があげられた。さらに、③の教材準備に関連して、道徳教科書の作成と教科書検定、および教科書使用義務の徹底といった目的が意図されていると思われる。文科省発行の道徳副教材に目を転じてみると、２００２年以降、公立小・中学校で学年に応じた4種類の「心のノート」が無償で配布されてきた。しかし、２０１１年、道徳教育を重視せず経費削減をめざす民主党政権下で、いったんはウェブを通じた利用に切り替えられた。それが、復活した安倍政権の下、２０１３年度から配布が再開されたものである。

さらに、前述の懇談会が新「心のノート」（仮称）と称する新たな副教材を提起したことを受けて、２０１４年度から「私たちの道徳」が全国の小中学校で用いられることになった。それは、従来の「心のノート」の１・5倍の分量があり、内容的にも変化し、明らかに「教科」を見据えたものとなっていると思われる。なぜ今、道徳の「特別の教科化」なのか。

結論を先取りするようではあるが、その背景には財界の求める「グローバル人材養成」の影響があると思われる。

２０１３年6月14日、閣議決定された「第2次教育振興基本計画」では、道徳教育は以下のような文脈で強調されている。まず、基本的方向性として「一層進展するグローバル化に対応した教育」が掲げられ、道徳の「特別の教科化」に関しては、その中で第2期計画（２０１３〜２０１９年）がめざす「4つの基本的方向」として、「①社会を生き抜く力」、②未来への飛躍を実現する人材の養成、③学びのセーフティネットの構築、④絆づくりと活力あるコミュニティの形成、があげられている。そしてそのなかの「①社会を生き抜く力の養成」において、「道徳性をその特性を踏まえた新たな枠組みにより教科化することについて具体的な検討を行う」と記載されている。そこでは、「豊かな心」の育成と称して、日本の子どもたちにとって課題とされている「自尊感情（自己肯定感）」の上昇、「人間関係を築く力」などの獲得があげられている。さらに、②未来への飛躍を実現する人材の育成、において「グローバル社会の中で特に求められる力」として、「社会を生き抜く力」を身につける過程の中で、リーダーシップ、英語等の語学力・コミュニケーション力とならんで「日本人としてのアイデンティティ」が重視される。

全体を通じて強調される「グローバル人材」とは、この「日本人としてのアイデンティティや日本の文化に対する深い理解」を前提として、語学力、主体性・積極性・異文化理解を身につけ、様々な分野で活躍できる人物とされている。

同様な内容を一層明確に、財界も提起している。日本経済団体連合会（経団連）は、2011年の「グローバル人材の育成に向けた提言」以降、一貫して「日本の人材力を強化」し、「イノベーション力や技術力」を高めるために、「グローバル人材育成」に向けた取り組みを提起してきた。その背景には、財界が求める人材とゆとり教育を背景とした最近の日本の教育制度が養成する人材に「ミスマッチ」がある、とする認識があった。

その経団連が、2014年4月15日に出した「次代を担う人材育成に向けて求められる教育改革」では、明確に道徳の必要性が打ち出されている。報告書の前半は人材養成に直結する「高等教育」に割かれているが、後半の「初等中等教育」の第3章として「グローバル化教育と日本人のアイデンティティの育成、道徳教育の充実」が位置付けられている。ちなみに、第1章は「高校教育の再構築と質保証」、第2章は「理数系教育、ICT教育」であり、道徳の後には、「英語教育の抜本的改革」が続く。なんと道徳教育は英語教育に先行しているのだ。

そこでは「グローバル化」に対応するための、「外国語能力とともに、課題を発見し解決する能力や論理的思考力、コミュニケーション能力」に加え、唐突に「日本の近現代史に関する知識を含む幅広い教養」の必要性があげられる。さらに「日本人としての自覚やアイデンティティ」を育むため、「国際教育や歴史・文化等に関する教育を推進することが求められる」としたうえで、「知育、体育と並んでグローバル人材に求められる倫理観や公徳心、他者への思いやりなどを育む徳育も重要」とされている。「道徳教育は基本的に教養教育」であり、従来の「知識偏重」の教育から「見識を重視する教育」に変えるという観点から、「子どもたちが本物に触れて感動体験ができる時間」や「企業もそこでは創業時代の体験や発明品などを教えるプログラムを作成する」と、財界は道徳教育の具体的な内容にまで提言を加えている。政策の「特別の教科化」動向を背景にしたとしても、財界がここまでストレートに道徳教育のあり方を提起したのは特筆に値しよう。財界が道徳教育に求めるものが変化した、あるいは、より強調されだしたことの表れとみることができるのではないか。

3　道徳4領域構成の登場と発展

財界が道徳教育を推進する動きはいつから始まったのか。政治学者の渡辺治は、1989年の学習指導要領改訂の時期を一つの転換期とする（渡辺、1990）。この改訂において、学習指導要領の「特別活動」において、学校行事における「国旗」掲揚・「国歌」斉唱が〝義務化〟された。それによって、従来の学校自治に基づき、生徒、保護者、住民、教職員の合意形成に基づいて行われていた卒業式が大幅に修正されるケースが出現し、各地で学校紛争が引き起こされた。同時にこの1989年改訂で、道徳の内容についても、それまでの徳目や生活習慣の決まりなどを羅列した内容から、新しく4領域構成　――「①主として自分自身にかかわるもの、②主として他の人とのかかわりに関するもの、③主として自然や崇高なものとのかかわりに関するもの、④主として集団、社会とのかかわりに関するもの」に構造化されるようになったのである。

学習指導要領の変遷を見ると、その30年前の1958年改訂において、敗戦以来13年間の空白を破って特設「道徳」が導入され、同時に、学校行事における「国旗」「君が代」を掲揚・斉唱することが「望ましい」という文言が導入された。渡辺は、50年代の学習指導要領への「国旗」「国歌」導入の担い手は、保守党政治家と文部官僚であり、教育内容を統制し「手慣れた戦前のシステムに戻す」ことが目的だったと分析する。当然ながら、特設「道徳」に対しては、「戦前への後戻り」「修身の復活」であるとする教育現場からの批判が起きた。しかし、実際には、1960年代～1970年代には「道徳」や学校行事での「国旗」「君が代」は、学校現場で軽視され続けることになったのだ。財界は、高度経済成長期において学校教育に人材選別の役割を強く求めるようになり、受験競争が激化していく中で、「道徳」が顧みられることはなかった。

その状況が一変するのが80年代後半であり、1989年改訂の「国旗」「国歌」義務化の背景には、かつての保守党、文部官僚以外に新たに財界が、推進の「担い手」として加わったことが決定的な影響を及ぼした、と渡辺は分析する（渡辺、1990）。

1980年代半ば以降、日米経済摩擦後の時期に日本企業は海外、特にアジアに工場を進出させ、急速に多国籍企業化していった。また、オイルショック後、アメリカの軍事的影響力が相対的に低まっていく中で、海外の日本の権益を自力で守ろうとする大国主義的イデオロギーが高まっていった。

そのような状況で財界は、人材に「日本人としてのアイデンティティ」「国際化」「愛国心」といった、それまで重視してこなかった内容を求めるようになってきたことが、転換の背景にあったと渡辺は述べる。その際の「国際化」とは、「インターナショナルな、無国籍な人間をつくる」のではなく、「ナショナルな心性を持つ日本人をつくる」ことを意味していた。海外で日本企業の権益を守り、現地の労働者を安い賃金で働かせる、いわばかつての植民地支配に近い構図の中のトップで労働する企業の人材にそのような徳目が求められるようになったというのである。

当時新たに設定された、道徳の4領域の配列に着目して、「自分」や「他の人」といったばらばらな個人を「自然や崇高なもの」という「超越的な価値」という跳躍台を超えさせることで、人工的、観念的な集団（たとえば国家といった）にまとめあげていくことができる、とする意図があると、哲学者の山科三郎は分析している（山科、１９９２）。

同年、道徳教育を専門とする教育学者、押谷由夫が文部省に入省し、この「道徳」の4領域構成を理論的に裏付けていった。彼は、第3領域の目的を「具体的に社会的、集団的な行動をするときに、その基底となるようなものを提供する」いわば「集団にまとめやすくする」ことであるとしている（押谷、２００１）。

この第3領域はまた、戦前来、日本の道徳教育の特徴でもあった「宗教的情操教育」の別表現であるとも指摘される。教育学者の山口和孝は、特定宗派に偏っていない「一般的宗教教育」すなわち「宗教的情操教育」は公立学校で教えても構わない、むしろ積極的に教えるべきだ、とする議論は、戦前の国家神道体制を補強するために作られた〝詭弁〟であったが、戦後も根強く残されていたと分析している。そして4領域攻勢のうちの、第3領域「自然な崇高なもの」の内容は、まさにその「宗教的情操教育」の伝統を受け継ぐものであり、改訂のたびに少しずつ拡大されていったものだとしている（山口、１９９２）。

4　教育基本法「改正」と「道徳」の法律への〝格上げ〟

その後、90年代に新自由主義的な政策が進められた結果による急速な格差社会の到来の中で、道徳教育はさらに強化されていく。2000年、首相の諮問機関である「教育改革国民会議」の最終報告「17の提案」の一つに「道徳を教えることをためらわない」「奉仕活動」などが盛り込まれ、2002年の「心のノート」登場につながっていく。この「17の提案」は、新自由主義的な改革を補完するために、「奉仕」や厳罰主義、家庭教育重視など新保守主義的な改革が多数提起されたものだった。この一連の流れは、生活困難層や競争の敗者などの子ども、青年のドロップアウトや反社会的行動に対して治安維持的な役割を道徳に担わせる意味を持っていた。また、分断され、ばらばらになっていく社会にタガをはめ、自己責任論で絶望に陥った青年には「愛国心」といった安易なプライドを持たせることは有効である。「それ自体、独自の社会統合の装置を持たない」新自由主義を補完するために、道徳などの新保守主義的な政策が多用されるようになったのである（渡辺、2009）。

さらに、2006年の教育基本法「改正」において、学習指導要領の「道徳」4領域構成の内容および配列が、新2条「教育の目標」の1号～5号に〝格上げ〟されたことは大きな意味をもつ。すなわち、**図表1**に見るように、第2条1号、2号は学習指導要領「道徳」の「主として

図表1　教基法の目標に格上げされた学習指導要領「道徳」4領域

<table>
<tr><th>学習指導要領「道徳」内容の4領域</th><th>2006年教育基本法第2条「教育の目標」</th><th>2007年学校教育法第21条「義務教育の目標」（1号～10号）</th></tr>
<tr><td></td><td>教育は、その目的を実現するため、学問の自由を尊重しつつ、次に掲げる目標を達成するよう行われるものとする。</td><td></td></tr>
<tr><td rowspan="2">①主として自分自身に関すること</td><td>1号　幅広い知識と教養を身に付け、真理を求める態度を養い、豊かな情操と道徳心を培うとともに、健やかな身体を養うこと。</td><td rowspan="3">1号　学校内外における社会的活動を促進し、自主、自律及び協同の精神、規範意識、公正な判断力並びに公共の精神に基づき主体的に社会の形成に参画し、その発展に寄与する態度を養うこと。</td></tr>
<tr><td>2号　個人の価値を尊重して、その能力を伸ばし、創造性を培い、自主及び自律の精神を養うとともに、職業及び生活との関連を重視し、勤労を重んずる態度を養うこと。</td></tr>
<tr><td>②主として他の人とのかかわりに関すること</td><td>3号　正義と責任、男女の平等、自他の敬愛と協力を重んずるとともに、公共の精神に基づき、主体的に社会の形成に参画し、その発展に寄与する態度を養うこと。</td></tr>
<tr><td>③主として自然や崇高なものとのかかわりに関すること</td><td>4号　生命を尊び、自然を大切にし、環境の保全に寄与する態度を養うこと。</td><td>2号　学校内外における自然体験活動を促進し、生命及び自然を尊重する精神並びに環境の保全に寄与する態度を養うこと。</td></tr>
<tr><td>④主として集団や社会とのかかわりに関すること</td><td>5号　伝統と文化を尊重し、それらをはぐくんできた我が国と郷土を愛するとともに、他国を尊重し、国際社会の平和と発展に寄与する態度を養うこと。</td><td>3号　我が国と郷土の現状と歴史について、正しい理解に導き、伝統と文化を尊重し、それらをはぐくんできた我が国と郷土を愛する態度を養うとともに、進んで外国の文化の理解を通じて、他国を尊重し、国際社会の平和と発展に寄与する態度を養うこと。</td></tr>
</table>

自分自身」に、3号は「主として他の人とのかかわり」、4号は「主として自然や崇高なものとのかかわり」、そして5号は「集団や社会とのかかわり」に対応した内容になっている。ただし、「改正」前の第2条における、「自他の敬愛と協力」あるいは第5条の「男女の平等」といった語句が、文脈と関係なく新第2条に散りばめられ、「改正」前の条文との連続性を表面的に整えているために、4領域構成がややわかりづらくなっている。

これまでは、たんなる学習指導要領の内容構成だった4領域「自分自身、他の人、自然や崇高なもの、集団や社会」が、教育の根本理念である教育基本法の、「教育の目的」を受けた「教育の目標」に掲げられたのである。さらに、法であることによる拘束力を伴うものになった。

それはさらに、新自由主義を支える新保守主義的な徳目が、新第1条における「国家……の形成者として必要な資質」として第2条の「目標」に掲げられる、という構造を持つものでもあった。「目標」に掲げられることによって、それ以下の条文における、学校教育のみならず社会教育や家庭教育、さらには教科内容・方法にも第2条の「徳目」、すなわち「法律に格上げされた道徳」がかぶさることが正当化されたのである。そのような、全ての教育内容の筆頭に位置するという意味において「道徳」はすでにこの時点で「特別の教科」となったともいえる。

また「改正」前の第2条「教育の方針」、第10条「教育行政」などにおける「教育の自由」に関わる解釈の根拠となる条文は徹底的に削除され、国家が歯止めなく教育内容に介入できる条件がつくられた。それは、新自由主義教育改革の根幹でもある全国学力テストを有効に機能させるための土台作りでもあった。教育改革における新自由主義と新保守主義のコンビネーションは法制上も確立されることになる。

さらに、第2条に盛り込まれた4領域構成の「道徳」は、**図表1**に見るように2007年に「改正」された学校教育法第21条「教育の目標」の条文の1号、2号、3号の部分に盛り込まれている。たとえば、教基法第2条2号の「自主及び自律の精神」、3号の「主体的に社会の形成に参画し、その発展に寄与する態度を養うこと」が、学校教育法第21条の1号「自主、自律及び協同の精神……主体的に社会の形成に参画し、その発展に寄与する態度を養うこと」といったように部分的にそのまま同一の内容とされているのだ。この学校教育法の「教育の目標」は、1947年制定時、各教科に対応した内容として構成されたものである。そして、この1号〜3号は教科の中でも、特に「社会科」に対応する内容だった。2007年の改正によって、教科が道徳に置き換えられた、すなわち教科の道徳化が行われたといえよう。

また、2008年改訂学習指導要領においても、「伝統と文化」など新2条の多くの「徳目」が各教科における新しい内容の導入をもたらしている。それは「社会科」において最も多くの追加内容をもたらしているが、たとえば「保健体育」における「伝統と文化」の影響を受けた武道の必修化なども代表的な例といえる。

しかしながら、第1次安倍政権の崩壊とその後の民主党政権の確立により、「道徳の法律への格上げ」による教育全体の道徳化の目論見は一時後退したかのように見えた。全国学テも悉皆調査から抽出調査となった。それに対して２０１２年の政権奪還以降、一旦は挫折したかに見えた当初の改革を取り戻すかのように、第２次安倍政権は急激な教育改革、道徳強化を進めているのだ。２０１３年12月に公表された、教科書検定基準の改定案においては、教科書に、有力な学説に基づいた記述と併せて政府見解の記述を載せることの義務化、さらには「教育基本法や学習指導要領の目標などに照らして重大な欠陥があれば検定不合格とする」という内容が追加された。いわば、すべての教科を対象に、教基法２条の適合審査が行われることになったのである。適合の仕方については「教科ごとに違いがある」とされているが、将来は厳格な「徳目」にそった教科内容の実施が義務付けられていくとされる。たとえば「国や郷土を愛する態度」という徳目も、すべての教科内容の上位に位置づけられることが可能となる。

5　新たなグローバリズムが求めるものは

１９８９年の段階から一歩進んだ今日のグローバリズムのもとで道徳教育に求められるものは何か。まず第１に、英語力を重視された海外で活躍できる人材が求められる。それは、この間の政府による極端な英語力重視の教育政策から見て取れる。それでいて無国籍化しない、日本人としての自覚やアイデンティティを育くまれた人間であることが重要とされる。その際、たとえば、経団連の文書からは、日本の歴史・文化、特に日本の近現代史を「しっかりと」学んで自己肯定的な意識を持つことが、日本人としての自覚やアイデンティティにつながると考えていることが見てとれる。

第2に、国際的に活躍する「グローバリズムの下でのマネージメント」ができる、グローバリズムの価値観を持つ人材が求められる。アメリカにおける新自由主義教育的な教育改革プランにおいては、将来「イノベイティブでクリエイティブな人材」もしくはこの「グローバリズムの下でのマネージメント」を行う人材をめざすことが掲げられた。たんなる知識・技術のある人材であっては、たとえばインド人で人件費が安く英語が喋れる同レベルの技術者に国際競争で太刀打ちすることができない。だから、オリジナルなアイディアを持った「イノベイティブでクリエイティブな人材」が求められる。

他方で、合法的に発展途上国から富を収奪してこられる「グローバリズムの下でのマネージメント」力が求められる。もちろん英語が喋れることは最低条件となる。それ以外に、たとえば日本であれば、利益を得るためには、他国に自動車を売ってきたように武器も輸出できる、原発も輸出できる、そして現地の労働者を搾取して環境を破壊しても構わない、そんな心性の労働者が求められるのだろう。それには軍事的なプレゼンスも不可欠だ。中国とアジアの覇権を争う心構えも必要であろう。

他方、経団連の文書では、グローバリズムの下では「課題を発見し解決する能力や論理的思考力、コミュニケーション能力」あるいは「倫理観や公徳心、他者への思いやり」が求められるとされる。そのような形で表されるとしたら、利益を上げるために、格差を前提としても「相手の気分を害さない」が決して「(税金として)自分の金を渡さない」プラグマティカルな能力が求められているのだろうか。それとも、たとえ海外の工場においても多少なりとも伝統的な日本的・家族的経営のスタイルを維持しようとしているのだろうか。いずれにせよ矛盾に満ちた人格であることを免れないと思われる。

第3に、海外で活躍する以外のほとんどの日本人、すなわち非エリートと位置付けられる人材にとっても道徳は大きな意味を持つ。近年の道徳強化政策は子ども、青年に対する治安維持対策、従順な市民を育成するものであることについては前述したが、進化したグローバリズムの下では別の側面を付与される。弱肉強食のグローバル経済の下での社会的矛盾を見えなくする役割をナショナリズムは果たす。

たとえばＮＡＦＴＡ(北アメリカ自由貿易協定)のような不平等な貿易協定によって、メキシコなどの発展途上国の大量の農民が、関税撤廃に伴う農産物の価格低下により農業を続けられなくなる。失業した彼らは違法入国者として、貿易で利益を得た先進国、アメリカに大量に移住してくる。その際、先進国の国民たちが移民を排斥する行動をとる際に、ナショナリズムは有効に機能する。そのような現象を生み出した経済的な矛盾を社会科学的に解決していくのではなく、社会的矛盾を見えなくさせるある種の愚民化政策としてナショナリズムは有効である。

日本における、この間の政府による異常なほどの領土問題の強調や教科書における領土教育の導入は、そのような意図的なナショナリズム＝愛国心の操作を感じさせるものである。また、競争社会の中で傷ついた非エリートの青年たちにとって、領土問題を誘い水とした排外的ナショナリズムはきわめて説得力を持つ。

6　「心のノート」から「私たちの道徳」そして、4領域配列の変更へ

そして、そのような情勢の中で、２００２年から発行されてきた「心のノート」が２０１４年度から全面改訂され、「私たちの道徳」になった。これは、文科省「道徳教育の充実に関する懇談会」報告に基づいて作成されたものであるが、同懇談会は「検定教科書が各学校で用いられるようになるまでの間は、新『心のノート』（仮称）を中心に、教育委員会・学校や民間等の創意工夫を生かした教材を適切に使う」としている。

その変更点の大きな特徴は、４領域構成は変わらないものの、短いスローガンをポスターの様に提示した「心のノート」に対し、心情に訴える読み物教材が大量に盛り込まれた点である。数ページにわたる読み物教材や、二宮金次郎などの〝偉人〟、有名人などのエピソードが散りばめられている。特に中学校バージョンでは、項目ごとに「先人の一言」と題した文章が掲載され、全体的に、児童、生徒による書き込みの欄も拡大されている。経団連の文書が指摘するように「感動体験ができる」内容が求められ、懇談会「報告」にあるように、「多角的に批判的に考えさ

せたり、議論・討論させたりする授業を重視する」ような「言語活動を取り入れた指導」が求められているといえよう。

また、内容的には、第4領域「集団や社会とのかかわり」の強調が特徴的である。たとえば中学版「私たちの道徳」の第4領域の「国を愛する態度」に続く、「国際貢献」の項目において、「心のノート」では「世界の平和と人類の幸福を考える」というタイトルで「世界の人々に貢献する日本人がいる」といったソフトな記載だったものが、「私たちの道徳」では「日本人としての自覚をもって真の国際人として世界に貢献する」といった「日本人」を強調したダイレクトな記載へと変更されている。

他方で、日本の「道徳」内容の特徴でもある第3領域「自然や崇高なもの」に関しては、第4領域と比較して分量が増えておらず、「超越したもの（たとえば天皇といった）」を通過させることで人工的な集団にまとやすくするといった方向性はトーンダウンしたかのようにみえる。この点について2014年の中教審答申では、4領域構成正の配置の見直し、特に第3領域の位置づけの変更が提起された。

それを具体化したのが、2015年3月に公表された新学習指導要領であり、4領域構成の配列と内容の一部に大きな変更が加えられた。1989年改訂以来の配列であった「③主として自然や崇高なものとのかかわりに関すること」と「④主として集団や社会とのかかわりに関すること」の入れ替えが行われた。すなわち分量が増やされていた「集団や社会」が前面に出されたのである。さらに④の内容が「主として生命や自然や崇高なものとかかわりに関すること」と「生命」が筆頭に追加されたことも大きな変更点である。

この変更理由について、教育学者の西野真由美が、OECDのキーコンピテンシーなどグローバル社会に求められる能力との関係について言及しているのは示唆的である。キーコンピテンシーを提起したOECDのプロジェクトであるDeCeCoは、コンピテンシーを単なる能力としてではなく、社会の中で個人が生きていくために必要な知識、スキル、態度など総合的な力として位置づけたとされる。さらにその社会で共有されている「価値」は「コンピテンシーの枠組みを支え、固定する碇（アンカー）にたとえ」られると、その重要性を指摘する。

その上で西野は、日本の「道徳」の「内容」と、OECD、EUさらにアメリカで提起された、現代社会で求められる「資質・能力」を対比させている。それが**図表2**であるが、「①自分自身」および「②他の人」と「④集団や社会」に対応する資質・能力はそれぞれ「自律的活動力」「異質な集団での交流力」といったように存在するが、「③自然や崇高なもの」に該当する内容は他国にはないのだ。また、「②他の人」と「④集団や社会」は一体的にとらえられることが多いという。

西野はその理由として、他国では「自然とのかかわり」は主に環境問題を指し、「持続可能な社会づくり」「社会とのかかわり」に位置づけられるためであるとしている。一方、「自然」や「生命」という「資質・能力」の外部にあるような内容を扱っているところが日本の道徳教育の

図表２　世界で提起された資質・能力の各国比較

<table>
<tr><th colspan="2">日本
（道徳内容の４領域）</th><th>アメリカ
（21 世紀型スキル）＊1</th><th>OECD
（DeCeCo キーコンピテンシー）</th><th>EU
（普通義務教育におけるキーコンピテンシー）＊2</th><th>フランス</th></tr>
<tr><td colspan="2">①自分自身</td><td>人生とキャリア</td><td>自律的活動力（大局的に行動する能力・人生設計や個人の計画を作り実行する能力、権利、利害、責任、限界、ニーズを表現する能力）</td><td>進取の精神・起業家精神</td><td>自律性
自発性</td></tr>
<tr><td rowspan="2">②他の人

④集団社会</td><td>集団</td><td>コミュニケーションと協働
生産性
リーダーシップと責任</td><td rowspan="2">異質な集団での交流力（他人と円滑に人間関係を構築する能力、協調する能力、利害の対立を御し、解決する能力）</td><td rowspan="2">社会的市民的コンピテンシー
文化意識</td><td rowspan="2">社会的市民的コンピテンシー</td></tr>
<tr><td>社会</td><td>社会・文化横断スキル創造と革新</td></tr>
<tr><td colspan="2">③生命、自然や崇高なもの</td><td>なし</td><td>なし</td><td>なし</td><td>なし</td></tr>
</table>

＊1　アメリカの教育団体や企業を中心に 2002 年に設立された「21 世紀スキルパートナーシップ」が展開する「21 世紀型スキル」が喚起した枠組み。
＊2　EU の機関である欧州委員会に設置の「EURYDICE（ヨーロッパ教育情報ネットワーク）」が策定。
出所）西野「コンピテンシーと価値をつなぐ」2014 年、より筆者が作成。

特徴であるとも述べている（西野、２０１４）。おそらく、キーコンピテンシーのようにグローバルに標準化された「資質・能力」、すなわち国際水準に合わせる形で、日本の道徳の配列は「自分自身」「他の人」「集団や社会」の順に変更されたといえるのでないだろうか。集団にまとめるための「崇高」「超越」といった発想は実はきわめて特殊日本的であったのだ。

それでは、最後に配置された「自然や崇高なもの」では、なぜ「生命」が筆頭に付加されたのだろうか。新しい学習指導要領では、第４番目に配置された「主として生命や自然、崇高なものとのかかわりに」の項目の筆頭に「生命の尊さ」が配置されている。そして、中学校版の「生命の尊さ」の記述は「その連続性や有限性なども含めて理解し、かけがえのない生命を尊重すること」とされ、「連続性」が筆頭にあげられている。

教材で「生命」の内容に対応する中学校版教材の『生命を考える』は、『心のノート』から「私たちの道徳」へほとんど変更なく継承されており、この領域の根幹的な部分であると思われる。それは、生命の「偶然性」「有限性」そして「連続性」という順序の構成になっている。

「偶然性」と「有限性」の説明では、私たちの生命は、「偶然」に誕生し「有限」なものであるがゆえに、愛おしまねばならず、家族は、いつか死んでいく「有限」な命をもつ存在であるがゆえに大切にしなければならないとされる。そして、「連続性」では、代々受け継がれてきたその生命の襷《たすき》を次の走者に受け渡す、生命を次の世代につないでいくことが、私たちの生きる目的であると表現されている。人生における自己実現や幸福追求よりもおそらく生命や民族の継承に重点が置かれているのだ。また、そこには「子孫を残せ」というメッセージも読み取れる。「連続性」は、3点の中で最もイデオロギー性が強い内容である。

しかし、このような「生命」観は学問的にみても極めて特殊なものであると思われる。そもそも、「偶然」で「有限」な生命であるからこそ、自分の望むように自由に生きたい、自己実現していきたい、世界をよりよくしていきたい、そういった感情が多くの青年たちの率直な感情であり、そのような心情を論理づけているような哲学や倫理学などの分野の多くの蓄積もあると思われる。たとえば、カント哲学を専門とする渋谷治美は、宇宙の発生から説き起こして、人間生命の「有限性」「偶然性」について論じる。そして「有限」で「偶然」であるがゆえに、生きるための特定の意味のようなものは存在せず、しかしそれは人間が特定の目的に縛られず限りなく自由に生きられることの証明につながるとする。従って、「連続性」＝継承された命を次につなげることが生きることの目的である、といった文科省の「道徳」の命題は否定される（渋谷、2007）。

さらに、この新しい配置では「③集団や社会」の「国を愛する態度」「世界の平和と人類の発展」に直接連続して「④生命や自然や崇高なもの」の「生命の尊さ」が続くことになる。その筆頭にはこれまで最後に位置してきた生命の「連続性」がおかれている。その内容は前述のように、個の実現や幸福追求よりも生命や民族の「連続性」が主眼とされるものになっている。だとしたら、「平和のため」「国際貢献」とうそぶきながら行われる戦争行為の際には、愛する国家や民族のために生命を奉じるべきである、といったロジックにつながりかねない危険性がある。

そのように考えていくと、新しい「道徳」が学問や科学といえるものなのか、教科書検定になじむような「学会有力説」「多数説」といったものが設定できるのか、きわめて疑問に思われる。そもそも「道徳」が対象とする、人間の生きる価値や倫理に関わる内容の多くは、学会における多数説や少数説になじむものではなく、教科書検定にもなじまない。だとしたら、政府見解のみが、今後登場してくることが予想される道徳の教科書検定を規定する危険性が生まれることが将来的に大きな問題となるといえよう。

さらに、アメリカで先行している一律的な厳しい指導であるゼロトレランス政策は、グローバル経済が生み出す大量の非エリート人材に対する「望ましい態度の育成」「違反した際の排除」を内容とするものになっている。いわば、日本で「道徳」が担わされる役割を、このゼロトレランス政策が負っているのだ。日本でも各地で急速にこの方針が導入されている。従来、学校現場における生活指導の対象とされてきた領域が、強制的な「道徳」とゼロトレランスに置き換えられていくことが懸念される。

7　対抗軸はどこに

学習指導要領改訂に伴って特設「道徳」が登場した１９５８年、日本教育学会教育政策特別委員会は、以下のような「道徳教育に関する問題点（草案）」を公表した。

基本的人権の尊重を中心とする民主的道徳の育成に当たって、

（1）観念的、画一的な形式主義に陥ることのないよう、教育全般を通してそれをはかることにし、そのために固定した時間を設けないこと。

（2）規制の社会秩序から割り出された徳目を与えて、それにしたがうような個人の心性を作り上げるのではなく、社会生活についての深い理解にもとづき、子どもが生活の中で出会う個々の具体的な問題に即し、望ましい道徳的判断や行為の仕方を考えることのできるような学習の過程を重視する。（日本教育学会、１９５８年）

この「固定した時間」を設けずに教育全般を通して行われる民主的道徳の提起は、現在進められる道徳の「特別の教科化」とは真っ向から対立すると思われる。

人格の完成とは、固定化された内容を機械的に植えつけることによってなされるのではなく、その人間を取り巻くさまざまなものが複合的に影響し関係しあってなされていく性質のものであろう。そして、そのような人格の完成は、国家権力から自由な学校という空間における、教師と子どもの「敬愛と協力」の関係、すなわち人格的な触れあいを通じてのみなされる、という理解が、「改正」前の、教育基本法第2条の解釈から導き出されていた。

従来であれば、教師たちが、研究者などの専門家とともにこのような民主的道徳の育成を担っていく重要性は増していると思われる。しかしながら、その作業が進んでいるとはいい難い状況がある。1958年の、特設「道徳」登場以来、現場の教師たちや研究者の多くが「道徳」存在自体を否定する立場であるために、あるべき道徳教育のあり方について深めていくことが二の次になってきたことは否めない。そのような中でも、強行される「道徳」の特別な教科化の流れの中で、教育現場から「私たちの道徳」を批判し対抗軸となる教育実践を模索する動きが生まれている。

現代の子どもたちは、競争や選別によってプライドを傷つけられ、あるいはネット社会の中で翻弄され、その人格形成に多くの困難を抱え込まされている。そのような状況で、上から押し付けた「道徳」やそれに基づいた評価によって、真の道徳性は育つものではないと思われる。逆に、評価する大人の前で表面的な行動を取るような二面性を持った人格や、他国民を侮蔑することでかろうじてプライドを保つ人格を育てかねない現状がある。

そのためには、管理強化と多忙化の中で子どもたちと触れ合うゆとりをなくしている学校現場の教師たちに、教育の自由、学校自治を保障し、時間的余裕を保障していかなければならない。そこでは、以下のような道徳が求められるであろう。

第1に、基本的人権の尊重を中心とする道徳性を子どもたちに育てること、当然ながら、それはいじめを許さない心性を育て、その真の解決につながるものであるだろう。第2に、他国を侮蔑し収奪し踏みにじる「〝グローバリズム〟道徳」ではなく、世界のあらゆる人々の人権を尊重し共生していけるような子どもたちを育てていく。第3に、誤った歴史認識に立ったにせもののプライドを育てるのではなく、子どもや青年が正しい歴史認識や真実に基づいた真のプライドを持てるようになることをめざす。この点については日本の教師たちには、平和教育の深い蓄積がある（佐貫、2015）。そして第4に、教科書検定制度への教育基本法2条「適性」審査の導入を許さず、子どもたちが学問の自由、教育の自由に基づいた教育内容を学べるようにする。このような視点から、「道徳」の「特別の教科化」に対する対抗軸を形成していくことが求められよう。

参考文献

辻田力・田中次郎監修、教育法令研究会著「教育基本法の解説」（1947年）、民主教育研究所編『いま、読む『教育基本法の解説』』民主教育研究所、2000年、所収。

渡辺治「なぜ今、日の丸、君が代か」、山住正巳・教育科学研究会編『あなたは君が代を歌いますか』国土社、1990年。

渡辺治「新自由主義の行方と『もう一つの東京』」『月刊東京』2009年5月号、東京自治問題研究所。

山科三郎「新学習指導要領の『世界の中の日本人』」『赤旗　評論特集版』1989年4月17日号。

山口和孝『新教育課程と道徳教育』エイデル研究所、1993年。

押谷由夫『「道徳の時間」成立過程に関する研究』東洋館出版社、２００１年。

Pauline Lipman, *High Stakes Education*, Routledge, 2006.

西野真由美「コンピテンシーと価値をつなぐ」、押谷由夫・柳沼良太編著『道徳の時代をつくる！――道徳教科化への始動』教育出版、２０１４年。

渋谷治美『新版　逆説のニヒリズム』花伝社、２００７年。

日本教育学会教育政策特別委員会「道徳教育に関する問題点（草案）」１９５７年、日本教育学会『日本教育学会の教育改革意見書・要望書等資料集』１９７２年。

佐貫浩『道徳性の教育をどう進めるか――道徳の「教科化」批判』新日本出版社、２０１５年。

第４章　崩壊が進むアメリカ新自由主義教育改革
――シカゴ市の学力テスト拒否と学校統廃合反対運動――

1　一斉テスト教育改革への対抗軸

アメリカの一斉テストを中心とした教育改革の対抗軸として、F・ヘスは、テスト改革によって何の恩恵も受けない四つの層の存在をあげていた。

第1に、貧困層およびマイノリティがあげられる。「客観的」と称されるテストによってランクの下部に張りつけられ、ペナルティを課される。劣悪な条件におかれ、時には教師や学校、コミュニティを奪われることになる。

第2に、教師、教職員組合、学校管理職などすべての教職関係者があげられる。彼らは、テストによって教育の自由を奪われ、評価され、ペナルティを課され、時には解雇される。学校管理職である校長にとっても、常に学校が競争的な環境におかれるだけでなく、階層的に低い地域の学校のテスト結果が悪いことも自分たちの責任にされることになる。

第3に、ハイ・パフォーマンス・コミュニティと称される保護者や住民があげられる。これは、地域の公立学校に満足していて、すでに子どもたちに高い達成も得られているため、過剰なテストでこれを変えてほしくないと望む親や住民たちである。1999年に最初の州統一が導入された際に、生徒や親がボイコット運動を行ったボストン市のケースが例としてあげられる。教育に対する高い意識を持つ親や住民を想定し、階層的には中間層以上がイメージされる。

第4には、テスト教科以外の関係者、さまざまな文化的価値を教えようとする人たちの存在があげられる。テスト教科である数学や英語、理科以外の教科、たとえば音楽や美術や体育については、経費が削減されプログラムが減らされる。また、カリキュラムの基準であるスタンダード以外の文化的な内容については、学校で十分に取り上げられなくなる。たとえばアメリカにおけるマイノリティの文化に対する教育内容などカットの対象とされる傾向が強い。

かつて、日本における1960年代の全国学力テストに対する反対運動において、教師、教職員組合と保護者、地域の住民の共同が各地で実現した。たとえば、教育法学の一つの到達点とされる最高裁旭川学テ判決を導き出した旭川市立永山中事件は、地域の労働組合の青年たちがテスト実施を阻止したケースであった。

他方、アメリカにおいては、歴史的に、教師、教職員組合、学校管理職が、政策に反対して保護者や地域住民と共同することはまれであった。これは、専門職として位置づけられる日本の教師に比べて、特にアメリカの義務教育の学校の教師の社会的地位が低く、教員組合も専門職集団というよりも労働組合としての性格が強かったことも一因となっている。

しかし、アメリカにおいて新自由主義教育改革が先行するシカゴ市において、公立学校の不平等と序列化、貧困なコミュニティへのきびしい統制という社会的矛盾が極限にまで達し、自分たちの主権者としての立場が失われた状況で、声を上げる保護者や教師たちが現れた。それは、ヘスの指摘した各層の間の新しい連携を生み出していると思われる。特に、②の教職員と、③の保護者、住民との共同が実現してきたことが指摘できる。また、それは①の貧困層、マイノリティの権利を守る運動とも直結している。以下、その具体的なケースを概観していきたい。

2　親がテスト拒否する公立小学校

「この学校の77％の保護者が学力テスト拒否のサインをしました。私のクラスは99％の拒否率です」。シカゴ市の中心部に近いバックタウンという閑静な住宅街にある公立トーマス・ドラモンド小学校（Thomas Drummond Montessori Magnet School）の放課後の教室でアン・カールソン先生は語ってくれた。

ドラモンド小学校は公立校ではあるが、モンテッソーリ教育を特色とするマグネットスクールである。マグネット（磁石）スクールとは、学区を超えて選択される特色を持った学校である。この独自の教育を選んで、中には遠い地域から通学している児童もいる。

ドラモンド小学校正面

「参加しません」（OPT OUT）

美術のエレン先生が教室の隅から1枚のシールをはがし、ポスター写真と一緒に持ってきた。手作り感あふれるシールには「参加しません（OPT OUT）。私はテストに反対です。一人ひとりが、不正な法律に従わないことに道義的な責任を負っています」と書かれていた。

「2012年に始まったこの学校の学力テスト反対運動では、保護者はこのシールを張って自分たちの立場を主張しました」とアン先生。彼女は、この学校の学テ反対運動を、保護者と一緒に最初に組織した教師だった。

EVERY
CHICAGO
PUBLIC
School
IS
MY
EVERY
CHICAGO
PUBLIC
School
IS
MY
School
「シカゴのどの公立学校もわたしの学校だ」

そしてポスターには、Tシャツの上のシカゴ市地図の中に「シカゴのどの公立学校もわたしの学校だ」とある。これは、同時期に闘われたシカゴの大規模学校統廃合反対運動の際に、保護者とシカゴ教員組合による反対運動で使われたポスターだと、製作者でもあるエレン先生は述べた。

２０１４年5月、「第11回公教育を守る3ヵ国国際会議」に参加するためにシカゴ市を訪れた。今回は、シカゴ教員組合が受入れ団体として会議の運営を担当していた。これは、アメリカ、カナダ、メキシコの教師、市民たちが公教育を破壊する新自由主義教育改革に反対する集会であり、イリノイ州立大学シカゴ校を会場に3日間開催された。他にも、ブラジル、チリ、プエルトリコの教師たちが参加していて、英語とスペイン語が飛び交う。そして日本の私は、運動を支持する教育学研究者の一人であるイリノイ州立大学のポーリン・リップマン教授に招かれ、個人参加したのだ。その会場で、保護者と教職員が協力して学力テストに反対しているというすばらしい報告をしたアン先生に頼み込んで、その学校を訪問させてもらったのだ。

なぜドラモンド小学校の保護者は拒否したのか

２０１４年2月28日、ドラモンド小学校の教師と保護者たちは、すでに25日にボイコットを公表していたやはり公立のマグネットスクール、サウシド小学校（Saucedo Scholastic Academy）に次いで、市内2校目のイリノイ州統一テスト（ＩＳＡＴ）のボイコットを公表した。ＩＳＡＴは翌週に実施することが予定されていた。ドラモンド小は児童数１２００人の大規模校のサウシド小とは対照的な、児童数約２００名の小規模校である。

「この2校目のボイコットは、さらに多くの教師たちが有害なテストに反対する立場を取り、保護者や生徒たちを支援し続けることの証明です。シカゴ教員組合は、これらの教師たちを支援し、教育システムに健全さを取り戻そうとしている保護者や教師たちに脅威を与えることをやめるよう、学区に対して求めます」。シカゴ教員組合副代表のジェシー・シャーキーは声明を出している。

ドラモンド小のアン先生も組合のメンバーである。シカゴ教員組合は若い教員たちが保護者や地域との連携に積極的で、新自由主義に対抗するスタンスを示している全米でも先進的な組合と

アン先生を囲んで共同学習

される。

その日、アン先生のクラスでは、３、４、５年の25名ほどによる日時計の影の長さを測るプロジェクトについての共同学習が行われた。黒板の前でアン先生を囲み、全員が集まった話し合い学習を行った後、スムーズに教室内のさまざまなスペースに少人数グループにわかれて活動を始めた。教材は、モンテッソーリ教育に基づく独自教材だ。資料を見ながら話し合いを進める数人の女子もいれば、パソコンの前にすわり勝手に資料のチェックをしている男子も見られる。学年を超えた集団での学習と個別のグループ学習が組み合わされ、子どもたちの発達段階に応じた学習ができるように工夫されている。また個々の子どもたちが楽しげに活動を行っているのが印象的だ。

見学しているうちに、いつの間にか、活動がレベルごとに分かれた算数の学習に切り替わっていた。独自のスタイルの累乗（2の2乗など）の問題のプリントをしている子どもたちがめだったが、中には色のついたピンをボードに刺しながら図形の学習をしているようにみえる女子もいる。じつは、ピンは色別に2×2、3×3、4×4……といった累乗の内容を具体物で示したものだった。

集団学習とグループ学習を組み合わせることによって、障がいを持った子どもたちと進んだ学習をする子どもたちが共同で学習することも可能になっているという。算数で、4年生で学習が進んだ児童は、数を数量で表すという手法で、日本では中学で学ぶピタゴラスの定理や累乗の複雑な問題に取り組んでいた。アン先生が後で見せてくれた、「一番進んでいる生徒のレポート」は、ピタゴラスの定理を、一辺の長さを長方形の面積比で表して、なぜ斜辺の2乗が他辺の2乗の和になるのかを証明したものだった。

この小学校では、特に、モンテッソーリの理念に基づいた教育に力を入れている。中でも、算数教育ではアン先生が中心的な役割を果たしている。これは、数の概念を目に見える量の形に置き換えるという点で、日本の水道方式の算数・数学学習に非常に似ている印象を受けた。1、10、100といった単位のタイルやビーズ、積み木を用い、数を目に見える量の形にして学ぶ学習を取り入れているものである。アン先生の教室には多くの算数教材、10、100、1000の単位をあらわすタイルや立方体、数を表す色とりどりのビーズなどが置かれている。

アン先生の話では、この学校では3分の1の児童が何らかの障がいを持っているというが、授業見学をした私の目には、個別学習でサポート教師がずっと補助していたダウン症の少女とパソコンの前に座った男子だけが、それに該当しているようにみえた。そしてその少女は、学級の中でこの上なく幸せそうにふるまっていた。一斉授業のとき、彼女はアン先生の長いスカートの裾をひっぱっていたが、先生は優しい視線でそれをみつめ、他の生徒たちはそれを見て楽しそうに声をあげて笑っていた。彼女はまるでクラスのアイドルのようだった。彼女の母親は、最も強力に学力テストに反対した一人だったという。

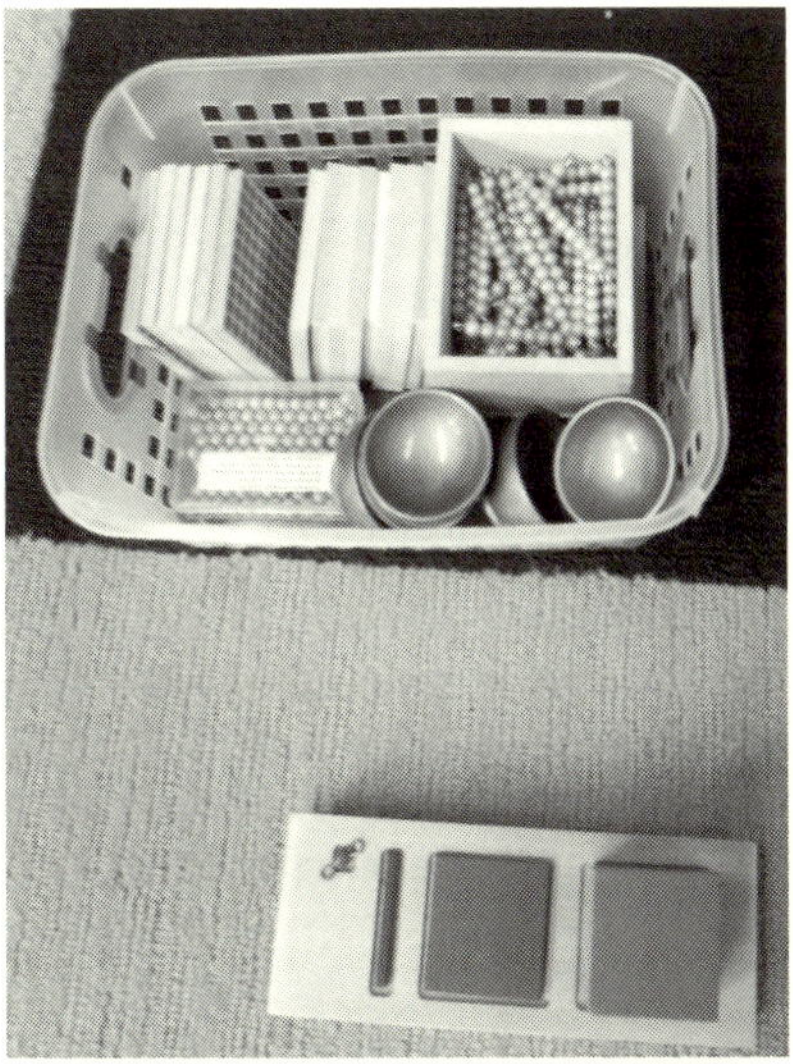

モンテッソーリにもとづく算数教材

２０１２年、信念を持って学テ反対を訴えた一人の保護者に背中を押される形で、アン先生は月に一度の保護者学習会を地域のレストランで開くようになった。そこでは、学力テストが学校でどのような形で子どもに悪影響を与えているのか、たくさんのエピソードが語られた。「いかに学校がテスト過剰か、という具体的な話をたくさん話しました。親たちは、それをはっきりとは知らなかったのです」。

次第に保護者の支持が広まり学習会の参加数は50人にもなった。一時は「学テ反対の教師を辞めさせてやる」といった反発が若い中間層の保護者から発せられることはあったが、クラスの多くの保護者は先生を支持し、結果的に大多数の拒否につながったという。シカゴ教職員組合もバックアップしてくれて、途中から一緒に学内で学習会を持つようになり、運動は学校内に拡大していった。

アン先生自身、シカゴ市内の貧困地域に生まれ、そこの地域の学校で学んできた経験を持つ。カーペットの上に整然とビーズを並べていくアン先生の姿に、１９６０年代の日本の教科書裁判において法廷にタイルを持ち込み「教育内容・方法は国家の統制になじまない。教師に教育の自由がないと子どもに算数を教えられない」と証言した日本の数学教師の姿が重なった。

そして、２０１５年度に導入予定の新しい統一テストであるパーク（PARCC, The Partnership for Assessment of Readiness for College and Careers）に対して再び反対運動を行うために、ドラモンド小の教師と保護者たちは動き出している。前回のＩＣＳＴに代わり、今回行われるのは、全米レベルで導入されることになった統一カリキュラムであるコモンコア・スタンダードの内容に対応した新しいテストであり、5月に実施予定なのだ。数学と英語が対象教科であり、キンダーガーテン（5歳児対象）から12年生（18歳）までが対象学年となる。その内容は独自で、たとえば数学の内容はモンテッソーリ教育の数学の理念とはかけ離れている、とアン先生は批判する。

各州が実施を受け入れることと引き換えに、連邦から財政的な見返りがもたらされるため、現時点で50州中11州1特別区がＰＡＲＣＣの導入を予定している。ただし、1月に参加を撤退する州も出るなど、対応は今のところ州によってまちまちだ。

アン先生は、今回の反対運動のキャッチコピーは「パークテストを停めよう」(Park the PARCC!) だと紹介した。美術のエリザベス先生は、新しいポスター「パークテストお断り。ここは勉強する場です」(NO PARCC LEARNING ZONE) をすでにつくっている。今回の拒否運動はどうなるかわかならい、とアン先生は語るが、保護者との協力、信頼関係には信頼をおいている点は変わらない。

「パークテストお断り。ここは勉強する場です」

２０１５年2月、シカゴ市教育委員会は今年度のＰＡＲＣＣテストを悉皆調査ではなく、10％のサンプリングテストにすることを決定した。多くの保護者の拒否が出現し、また公立小学校校長の中にも反対を表明する者が現れた中での決定であった。

3　ヒスパニックの文化を重視した学校でも

シカゴでは、もう1校、約８割の保護者がテスト拒否をしている学校がある。それはヒスパニックの生徒が大多数を占める公立の初等教育向けマグネットスクール、サウシド小学校である。生徒数はドラモンド小とは異なって約１２００人と大規模で、市内南西部にある貧困なヒスパニックのコミュニティに位置する。そして、同一校舎内にスペイン語と英語のバイリンガル教育を特色とする公立テルポッカリ小学校（Telpochcalli Elementary School 児童数約３００人）が併設されているのが特徴だ。ともに児童の約96％がヒスパニック系である。

サウシド小は、スペイン語を母語とするメキシコなどの出身の子どもたちに対して、英語と補助的なスペイン語を用いながらも最終的に英語を獲得できるようになることをめざして教育をしている。それに対してテルポッカリ小は、英語とスペイン語のバイリンガルになるように工夫された独自のカリキュラムを用いているのが特色だ。20年前に教師たちの運動によってつくられた学校であり、１９８８年シカゴ学校改革法によって、保護者や地域住民が委員に選出されるようになった学校協議会（ＬＳＣ）によって実現したコミュニティと学校の連携が、このようなマイノリティ文化の特色を持った学校の誕生の背景にはあるという。

テルポッカリ小は子どもたちがヒスパニックの文化や芸術に誇りを持てるように2言語を用い

て教育内容が構成され、校内にも多くの子どもたち作成のメキシコ風の壁画が飾られている。授業にも移民たちの権利が認められてきた歴史や公民権運動の歴史などが取り入れられている。この２つの学校はお互いに共同しながら、貧困層が多いヒスパニックのコミュニティの文化的な中心の役割を果たしている。２校を収容する校舎はかなり横長で、ランチルームなどは共用になっている。

サウシド小学校では、２０１４年のＩＣＳＴテスト実施に際して、同校の約40名（全教員数は約60名）のシカゴ教職員組合参加の教師たちが実施について秘密投票を行い、その全員がテスト実施について反対の票を投じたのだ。

テルポッカリ小に飾られた壁画

「テスト拒否は、私たちが長い間討論して計画してきたことだ。そしてついに、もう時は来た、と宣言したのだ」。同校のテスト反対の中心的メンバーであり、特別支援教育の教師であるサラ・チェンバーズは、テスト実施の前週に、仲間の教師たち、支援する保護者たちと生徒たち、シカゴ教員組合のスタッフたちとともに学校の外で記者会見に応じ、宣言した。

アン先生は、ドラモンド小で最初にテスト拒否を訴えた保護者の友人が、サウシド小の保護者であり、教師たちと連携するテスト拒否運動が始まった、と述べる。保護者の中にしっかりとしたリーダーが存在して、核となる教職員と連携していくことこそ運動が成功する鍵であると、サウシド小のサラ先生は語っている。

特にサウシド小での運動の成功は、英語が苦手な貧困層のヒスパニックの子どもたちにとって低いテスト結果はデメリットをもたらすものでしかないということが、教員組合の教師たちのはたらきかけによって保護者たちに共有化されたからだという。テスト拒否運動のパンフレットを教師たちが校内に置くと、ヒスパニックの保護者たちはあっという間に持ち帰って、スムーズにテスト拒否行動をとったという。

また、市内全体を見ると、他の公立学校でも親の拒否の運動は拡大している。結局、約8割の保護者が拒否した2校の拒否率には及ばないものの、この年のＩＳＡＴについては市内の公立校38校で、親たちによるテスト拒否が見られた。その理由として、シカゴ市ではＩＳＡＴは、学校や教師の格付け、生徒の進級条件、選別的入試を行う高校の入試に利用されることがない点があげられる。しかし、たとえば州教育長は、学区および学校は、連邦の法及び州法にもとづいてＩＳＡＴを受けることを求められているし、それを拒否することによって連邦や州の補助金をカットされることが危惧される、と述べている。また、シカゴ市教育委員会も、テストを受けることは、生徒が主要教科において水準に到達しているかどうかを保護者や教師に知らしめ、１００％

の生徒が大学に入る準備をできるようにするためのものである、とテスト拒否運動を批判する。さらにエマニュエル市長は、新聞紙上でテスト拒否に参加する教師たちは「退出しろといわれるだろう」(will be walked out) と述べている。しかし、今のところ、教師たちには何の懲罰も課されていない。

4　全米最先端の教育改革、グローバルシティのシカゴ市

シカゴ市は、ニューヨーク、ロサンジェルスに次ぐ人口270万人の全米第3の都市、五大湖の一つであるミシガン湖のほとりに高層ビルディングが建ち並ぶ。いつも湖から強い風が吹くので　ウィンディシティ（風の町）とも呼ばれている。

また、一つの教育委員会のもとに小学校約400校、中・高校など約150校を擁する巨大学区でもある。「人種のサラダボウル」と称されるように、さまざまな人種、移民のコミュニティがダウンタウン（中心部）の周辺に散在している。市全体の人種構成は、白人8・5%、黒人42・9%、ヒスパニック43・7%、アジア系3・2%、インド系0・4%であり、貧困層の割合は全体の85%となる。これは、多くの移民を抱えるアメリカの巨大都市としては特殊な構成ではない。貧困と移民問題は大都市に共通する問題なのだ。経済の中心でもあるダウンタウンの周辺部、南部と西部には貧困層の黒人、ヒスパニックのコミュニティが広がる。特に「ギャン

グ」といわれる不良青年グループが多い南部は、日本人は絶対に行ってはいけない、と在住日本人から釘を刺されるほど治安が悪いといわれる。しかし近年、こうした黒人居住地域の人口は、1990年代からの州の公共住宅の家賃値上げ政策などによって減少し、ここに居住していた黒人たちは、アイオワ州やアイダホ州に移住していく傾向が見られる。そうした地域は、土地を取得して再開発を進めたい不動産などの企業も参入し、再開発計画の宝庫（グレートバリュー）と目されている。

かつて、中西部の畜産業の集積地であり、また多くの製造業、食品加工業を擁していたシカゴ市の産業構造が劇的に転換したのは、1970～1980年代であった。製造業の従事者は1967年から1990年にかけて54万6000人から21万6000人に減少し、逆に非製造業は、79万7867人から98万3580人に増加している。いわゆる産業構造の転換が起きたのである。ニューヨーク、東京、ロンドンなどと並ぶ「グローバルシティ」「第一級の国際センター」として、多国籍企業の本社、金融、不動産、サービス業、ツーリズムなどを中心とする都市への転換が急速に進められた。特に、1990年代にその状況は顕著になり、2500人以上を雇用する世界の大企業の本社数は、ニューヨークに次いで世界第2位となった。

グローバルシティ化は、同時に市政にグローバルシティの課題（agenda）を求めるものであった。求められる労働力は大きく転換した。大企業に勤務するグローバル・エリートの養成とともに、エリートの生活を支えるため、大量の低所得サービス業の従事者が求められるようになったのだ。それは、「8年生（日本の中学2年）程度の学力を備え、清掃、サービス、運輸、医療、情報などの職種に就く地元の労働力」であった。その平均給与は、かつての製造業勤務者よりも低いものになった。当然ながら貧困層である大量の黒人、ヒスパニックなど低所得層がターゲットとなった。製造業勤務者が主流だった時代にはフィットしていた、誰にでも平等な公教育サービスを与える教育制度は「古くさい」ものになった。

同時に、大企業は、新しい市場の創設を求めた。公教育産業は絶好のターゲットになった。学力テスト体制の確立は、テスト、教材などの大規模な市場を作り出した。内容面のみならず。公立学校に代わって民間企業や非営利団体が運営するチャータースクールの経営、廃校にした学校跡地の不動産、住宅開発などあらゆる面で、未開拓の広大な市場が企業の前に広がっていた。公教育制度のエリート・非エリート向けにむけた再編および、財界が求める人材養成のみならず、新しい市場の開拓は新自由主義教育改革の本質ということができよう。

学校経営の分権化から再度の集権化へ

シカゴ市の教育が、経済的な目的に次第に従属させられていくようになるプロセスは次のようなものだった。1988年、シカゴ市の学校運営において民主的な統制を確立させ、徹底的な分権を図る、シカゴ学校改革法がイリノイ州議会によって採択された。これは、シカゴの学校改革論者、地域財界、保護者の団体、コミュニティの活動家たちの提携の結果生まれたものであったとされる。公選された保護者や地域住民の代表が、委員として各学校の学校協議会（Local School Councils, LSCs、保護者代表6名、地域住民代表2名、教員代表2名、校長代表1名からなる）を構成して学校運営を行うという画期的な制度が実現した。その際、それまで教育委員会が持っていた多くの権限が各学校レベルの学校協議会に委譲された。協議会は、校長の人事権、毎年の学校改善計画の承認、学校で裁量できる予算の配分、といった権限を得ることになった。ただし、その自由裁量にゆだねられた予算は、連邦レベルのタイトル・ワンや州レベルのチャプター・ワン（いずれも貧困児童生徒対策向けの補助金）など、あらかじめ予算枠や用途が定められたものが中心であった。学校協議会が自律的に予算を要求していく権限については制度的に弱いものだった。

他方、一時的に市長に暫定的教育委員会（Interim School Board）の委員を任命する権限が与えられ、結果的に7人の企業関係者と市民のリーダーが委員に任命された。アフリカ系アメリカ人は1名も選出されなかった。そして市の学校財政に関する権限については、教育事務所と暫定的教育委員会の側に拡大され、中央集権化される傾向が見られた。また、市民団体とともに学校改革法を後押ししたシカゴの財界が、教育改革への影響力を強めるようになった（小松、2006）。

結果的に、各学校の学校協議会は、せっかくの父母・市民参加の制度として創設されながら、財政的裏づけが必要な事項、その多くが学校の条件整備に関わる事項について、必要な予算を上に要求していくことができなかった。たとえ、学校レベルで要求があったとしても、それを集約していくはずの公選制の委員による教育委員会が存在しないため、要求は集約されずに、ばらばらなままだった。シカゴの教育改革について調査・研究しているリップマンは、少なくとも最初の数年間は、シカゴ学校改革法は学校改革における広範な草の根の参加を活性化させたと評価している。しかし、結果的に、学校協議会は、財政的な権限についてうまく機能せず、形骸化していくことになった。

１９９５年、そのような状況に対して、当時のデイリー市長によって再度の中央集権化をもたらすシカゴ学校改革修正法が採択された。市長は、新たに、5名のシカゴ教育刷新委員会（Chicago School Reform Board of Trustee）メンバーと学校経営のためのＣＥＯ（主席行政長官職、教育長に該当する）を任命する権限を得ることになった。教育委員会は任命制になり、首長権限が強化されることになった。それは、各学校に学力などの「達成」について責任を持たせ、ＣＥＯに「是正」「指導・観察」「抜本的改革」の措置命令権限を与えるものでもあった。さらには、ＣＥＯは職員を解雇し、必要がないと判断したら学校協議会を解散させることができた。教員組合との間では、結ばれたコントラクト（契約書）をキャンセルして、学区の雇用者によって行われていた仕事を民間委託させることさえもできる権限も含まれていた。教員組合のストライキは18ヵ月間禁止され、教育や学級規模などの労働条件に関わる事項については、教員組合の団体交渉事項から外された。結果的に、多くの権限が市長と彼の任命するＣＥＯに、強力に集権化されることになったのだ。

また、この時期に学力テスト体制へのシフトも強力に進められた。市長が任命した理事会のトップらは、すでに90年代前半から全米の各州で始まっていた基準設定運動の流れの中で、州のスタンダード（教育課程の基準）による学力テストの強化を開始した。基準設定運動とは、「学力」向上のために、州レベルで教育内容の基準を設定し、その達成率を測定する州統一テストを実施する改革である。達成結果は、自治体ごと、学校ごとに公表され、州によっては、教員評価にも直結するものとなっていた。

１９９５年シカゴ学校改革法によって、学力テストの達成度の低かった学校にはペナルティが課されるようになり、小中のテスト対策として夏期休業中の補習授業が導入され、テスト結果の低かった生徒に対する高校の卒業留保なども行われるようになった。

この改革の延長線上に、２００１年、後にシカゴ市教育委員会ＣＥＯからオバマ政権下の連邦教育長官となるアーン・ダンカンが登場することになる。同年、市のテスト結果が上がらないことを理由とした前任者辞職に伴い、ダンカンは教育長補佐から、シカゴ市教育委員会のＣＥＯに就任する。

そして学力テスト結果に応じて学校に報酬もしくはペナルティを与える「１人の子どもも落ちこぼさない法律」（ＮＣＬＢ法）の施行後の２００４年、ダンカンは、「ルネサンス２０１０」という改革計画を公表した。それは、学力テストの低い学校にペナルティを課し、チャータースクールに置きかえようとするものだった。そして、黒人層の住む貧困地域の学校のテスト結果を改善させたことによって一部からは「シカゴの奇跡」と評されるような高い評価を得た。さらに、シカゴで90年代をともに過ごしたオバマ大統領から連邦教育庁長官に招聘され、現在の全米の教育改革を手がけるようになるのである。

5　大統廃合計画と市民、教職員組合の抵抗

アメリカ教育界は、ブッシュ政権下で２００１年に制定され、２００２年から実施されているＮＣＬＢ法による、学力テスト結果による報酬とペナルティの導入によって、総体として究極の学力テスト体制に突入した。すでに90年代前半から多くの州では、学力向上のためと称して教育課程の基準設定運動（スタンダード・ベースド・ムーブメント、日本の学習指導要領のようなものを設定する運動）とそれに基づいた州統一テストの導入、学校ごとの結果公表が行われ、日々の子どもたちの生活は次第にテスト準備に追われるものになっていた。

しかし、ＮＣＬＢ法は、州ごとに行われる学力テスト結果が「年度ごとの適性進捗率」に達しない学校に対してきびしいペナルティを課すという、これまでにないものであった。それは、到達しない年数が積み重なるにつれ、各学校に対して、「代替的な学力向上サービスの提供」「学力の高い他校への生徒の転校」（２年目）、「学校教師全体の入れ替え」（４年目）、さらには、「公

立学校のチャータースクール化」「民間企業への経営委託」「州による学校運営への移行」（5年目）といったように、段階的にきびしいものになっていく。達成できない学校は、最終的には公立学校としての閉校へと導かれていく。また、州ごとのテスト実施学年については、数学と英語に関しては第3学年から第8学年までのすべてを対象とし、各学校の95％がテストを受けることが義務付けられている。さらに、すべての州の第4学年と第8学年の選抜された生徒に対して、連邦レベルのテストが課されるため、州のテストの水準を下げることは不可能となる。

しかしながら、学校の社会的、経済的条件を無視した「客観的」なテスト結果による評価は、貧困地域や英語が話せないマイノリティの多い学校にとって圧倒的に不利なものとなった。また、テストに用いられるカリキュラムは固定的なものであり、さまざまな国や地域を背景とした移民たちマイノリティの多様な文化などを切り捨て、学校現場では教師の教育の自由を侵害するものとして機能するようになった。そして、導入から10年以上を経て、州や自治体によって差異はあるものの、学校でのテストの圧力は強まり、ペナルティを受けて多くの学校統廃合が行われてきた。

たとえば、２００８年、一度に72校廃校という全米で最大の学校統廃合が行われたデトロイト市では、**図表１**にみるように、２００３年に２６６校存在した公立学校（高校、特別支援学校を含む）は２０１３年秋には97校にまで減少している。これは、２００５年以降、断続的に行われた統廃合計画によるものである。自動車製造業を主たる産業としていたデトロイト市は、産業空

図表1　デトロイト市における公立学校数の推移（2003年および2013年）

学校種別	2003年	2013年
小学校（初等教育のみの学校、PK・K～5、PK・K～6）	125校	16校
小中一貫校（初等教育に中学を加えた学校、PK・K～8）	30校	46校
中学校（ミドルスクール）	30校	1校
その他	81校	34校
公立学校数全体	266校	97校

出所）『デトロイト市公立学校ハンドブック』（2003年）およびDPSのHPより筆者が作成。

洞化などにより財政状況が悪化し2013年に財政破綻しているが、廃校計画はそれ以前から徐々に行われてきた。廃校になった学校の内訳は、**図表1**にあるように125校あった小学校は16校に、30校あった中学校（ミドルスクール）はわずか1校になっている。主に伝統的な小学校と中学校が廃校の対象になり、逆にプレキンダーガーテン（PK、4歳児対象）、キンダーガーテン（K、5歳児対象）から8年生（日本の中学2年生）までを収容する小中一貫校（Elementary Middle School）が30校から46校に増加していることがわかる。小学校と中学校を統合し小中一貫校に移行することによって、多くの廃校を生み出してきたことがわかる。そして小中一貫校になった学校は概して、以前よりも生徒数が増えて大規模校になっている。また廃校になった小・中学校は、アフリカ系アメリカ人が住む貧困地域に集中的に位置している。ただし、デトロイト市全体を見ても96％がアフリカ系アメリカ人から構成された都市である。

また、K～12学校、K～14学校といった、幼稚園から高校生である12年生、短大である14年生までを収容した、高校やコミュニティカレッジ（公立の短大）までを同一施設に入れた学校も数校登場している。それらは、学校というよりもむしろ児童・生徒を「収容」するための施設といった印象を受ける。特別支援学校も、統合の結果、市内にわずか2校となっている。多くの子どもたちは遠距離をスクールバスによって通学することになった。

デトロイト市ほど極端なケースではないが、シカゴ市でも、2012年、公立学校50校を一度に廃校するという全米で過去2番目の規模の統廃合計画が、当時のエマニュエル市長によって提起された。対象校は市南西部の貧困なアフリカ系アメリカ人とヒスパニックのコミュニティに集中していた。

エマニュエル市長とB・バネットCEOは、廃校措置はシカゴ教育委員会の財政赤字の改善および、生徒たちによりよい教育条件とより良い教育の機会を提供するために必要だ、と説明した。すなわち、テスト結果が低い学校の生徒たちに対して、より良いテスト結果の学校に統合することで問題を解決する、ということが示されたのである。しかし、実際に行われた統廃合では、廃校になった学校の生徒を受けいれることになった51校のうちの12校のみが、テスト結果が高い達成を示す「レベル1」に位置づけられるという結果に終わった。学校を移ることになった生徒の41%は、結局、テスト結果が同じレベルの学校に通うことになった。また、閉校になった学校の多くは、豊かな教育内容と資源、そしてコミュニティとの連携があり、しばしばコミュニティにおける拠り所（アンカー）となっていた。しかし、保護者や住民の声を十分に聴くことなく、計画は進められた。

その統廃合計画に対して、２０１２年、教職員組合を中心に、保護者、地域住民、さらには生徒たちをも含む大規模な反対運動が起き、全市規模の紛争となった。表向きは賃金値上げというストライキの要件として許可された理由ではあったが、団体交渉での確認事項を破り、公立学校を廃校にしてチャータースクール（公設民営学校、企業によって経営される場合も多い）に移行しようとし、統廃合計画を強行する市の方針に反対して、教師たちは7日間のストライキを打って抵抗したのだ。

その背景には、シカゴ教員組合の一部のメンバーが２００８年頃から「コーカス」（Caucus of the Rank-and-file Educators）というグループを結成して学校統廃合の背景にある経済界の新自由主義批判を学び、市民とともに政治・経済を含む学習活動をしてきたことの意味が大きかった。この統廃合と民営化に反対するコーカスは２０１０年にシカゴ教員組合の主導権を得るに至った。

後に80％の親がテストを拒否したサウシド小教員のサラ・チェンバーズは、その運動のなかで親たちと学習を重ねて地域からの組織化を進め、ストライキの若いリーダーとなった。同様に多くの公立学校で、コーカスの教師たちが中心になって、統廃合や学力テストに反対するミーティングを保護者達と重ねるようになった。その結果、廃合反対運動は、各学校レベルから全市レベルへと組織、拡大されてストライキにつながり、市街地で市民らと7日間に及ぶ2万人以上の大規模なパレードとデモ行進が行われるに至ったのだ。

しかしながら、96％の教育委員会が委員公選制のアメリカにおいて、シカゴ市は例外的に教育委員任命制に制度改正されていた。また、１９９９年以来、教育委員会に対する市長の権限が特に強化された制度構成にされており、教育行政にきわめて住民の教育要求が反映されにくかった。広範な市民の反対運動にもかかわらず、市教育委員会は計画を一部強行し、結局、２０１３年９月の新年度には47校が廃校となった。

リップマンは、シカゴ市の教育改革は全米でも最も先行的なケースの一つであり、その理由としてオバマ大統領による新自由主義教育改革の突破口であったことを指摘する。その上で、シカゴ市の大規模統廃合計画が予想以上の市民による強い抵抗に遭い、オバマの今後の方針に手痛い打撃を与えた、と評価する。なにより、この紛争がきっかけになって、シカゴ市の保護者と教員組合の教師たちの強力なネットワークが生み出されたという。

6　シカゴ市における中学・高校の多様化

日本においては、高校制度の多様化、序列化は、地域差はあるものの１９６０年代の高度経済成長期以降、一貫して進められてきた。高校は、財界の求める人材養成に直結する学校制度であるため財界の教育要求の直接的なターゲットになるからだ。３％のハイタレントと安上がりな労働力を学校において選別するという財界の教育要求がその始まりであった。

しかし、アメリカの高校制度は、従来、戦後改革期の日本がモデルとした、小学区制（1学区に1高校で入学試験を課さない）、男女共学の原則に基づいた「近隣学校（Neighborhood School）」として、青年に平等な教育機会を提供する制度が主流だった。日本のような競争的な高校入試制度は、一部の例外を除いて存在していなかった。

それに対して、シカゴ市では新自由主義教育改革の流れの中で、1995年シカゴ教育改革法以降、学力テスト体制の進展のもと、極端な公立学校の多様化、序列化が進められていくことになった。普通の公立学校から、特別なプログラムを有するエリート養成のための学校と、予算やプログラムを削った非エリート向けの安上がりな学校へと再編が始まった。

ただし、日本と異なるのは、日本の「中等教育学校」「義務教育学校（小中一貫校）」のように法改正で新しいタイプの学校を創設するのではなく、あくまで制度運用によって、もしくはチャータースクールなどのように設置主体の変更（民間の参入）によって新しいタイプの公立学校をつくっていくことになったことである。

シカゴ市には、多くの人種のコミュニティが存在するが、特に南部と西部には、貧困な黒人および移民のコミュニティが存在する。また、裕福な白人層は、市の北部及びミシガン湖の湖岸に面した東部に中心的に居住している。

1995年改革法前には、新たに科目を追加した（すなわち予算が追加された）学校は、主に1980年代初頭の「（人種）差別撤廃計画」に基づいてつくられた、小学校レベルのマグネッ

図表2　シカゴ市における中学校・高校の多様化（2013―2014年度）

学校種別	校数	学区	入学基準	特徴
近隣学校	48	○	標準	
スモールスクール	16	○	標準	基準として500人以下の学校
チャータースクール（公設民営）	69	×	定員超えたら、くじ・個別対応	
ミリタリースクール	6	×	入試面接学力にも配慮	退役軍人も教える軍事的な学校
マグネットスクール	8	×	定員超えたら、くじ・個別対応	特色のある学校
コントラクトスクール	3	×	定員超えたら、くじ・個別対応	
キャリアアカデミー	5	×	テスト結果で選別	職業や大学の専門と関連・高度な内容
入学選抜学校	10	×	学力試験	アカデミック・高度な内容
スペシャルスクール（障がいのある生徒の学校）	4	×	障がいの程度に応じて	

出所）CPSのホームページより筆者が作成。

トスクールなどから構成されていた。マグネットスクールの「マグネット」は磁石の意味で、特定の学区がなく市全体から選択できる特色のある公立学校である。もともと都市部に集中する黒人や移民の層と、郊外に住む白人層をミックスさせ、人種差別を是正していく意図を持って制度設計されたものだ。特色校であるために予算やプログラムが追加されている。

そのような科目を追加した学校は、シカゴ市東部のミシガン湖岸にある相対的に小規模な白人中心の階層の高いコミュニティに集中していた。それに対して科目を削減した（すなわち予算をカットされた）学校は、西南部にある貧困なアフリカ系アメリカ人とヒスパニックのコミュニティに集中していた。また、最貧困地域の南部にも、ほとんど科目の増加校が見られなかった。

このことから、すでに１９９５年学校改革法以前から、カリキュラムの差異化による学校の序列的再編は少しずつ始まっていたことがわかる。しかし、１９９５年改革法でそれがいっきに加速することになる。

１９９５年改革法の制定以降、これまでになかった新しいタイプの学校が開設されていく。特に、エリート向けに入学者選抜を伴う、大学準備向けのマグネット・ハイスクールが階層の高い湖岸地域に4校、開設されている。これらはすべて白人の高所得層向けで大学進学重視のカリキュラムを持つ学校である。そして、その校舎建築には特別に高額な予算がかけられた。たとえばノースプレップ高校には４７００万ドルが、ペイトン高校には３３００万ドルが費やされ、豪華な新校舎が建設された。これは、貧困地域の同タイプの学校の約8倍から10倍に当たるとされる。これらの、「高度な教育内容の高校」で学ぶ生徒は、市内全生徒のうちのわずかな割合であり、白人生徒に集中していた。すなわち、１９９９年から２０００年の年度には市内の8・31％、２００２年の入学時には11・5％の生徒が入学選抜のある大学準備に向けた高校で学ぶに過ぎなかったが、そのうち白人の生徒は、ハイスクール全体では11％だが、これらのエリート校では20％の割合にのぼった。

結果的に、現在においてシカゴの公立学校はきわめて序列的な学校制度に再編成された。**図表2**は、２０１４年のシカゴ市における中学校、高校のタイプ別校数と特徴を現すものである。48

図表3　多様化された3高校の生徒の構成

学校		ノースサイド・カレッジ・プレップ	レイクビュー高校	ディエット高校	シカゴの学校全体
特徴		比較的階層の高い入学選抜高校	中間層の「近隣高校」	貧困地域にあり統廃合対象となった高校	
生徒数		1086人	1578人	492人	
人種構成（%）	白人	39.8	14.3	0	8.5
	黒人	5.5	11.4	97.8	42.9
	ラテン系	23	60.7	1.4	43.7
	アジア系	27.1	11	0	3.2
	インド人	0.8	1.3	0.2	0.4
	その他の民族	3.3	1.3	0.6	1.2
低所得率（%）		35	85	91	86

出所）リップマン作成の表をもとに筆者が作成。

校ある伝統的な「近隣学校」の多くは、入学試験を課さず、学区の誰もが入学できる「普通」の地域の学校である。しかし、さまざまなタイプの学校ができたために、「非エリート向けの学校」として序列の中では最下位に位置することになった。ただし立地によって生徒の階層が異なるため、そのタイプは若干異なる。16校ある「スモールスクール」は地域の高校の中でも定員の上限を500名に設定し、少人数指導を特色とした学校であるが、「近隣学校」と類似したタイプで、同様に「非エリート向けの学校」に属する。

それに対して、「エリート向けの学校」として最上位に位置するのが、前述したエリート校を含む10校の「入学選抜学校」である。そのほとんどが北部などの階層の高い住宅地に位置する。それ以外に、職業準備教育や大学準備の内容を特色とする「キャリアアカデミー」や、全市内から選択できるマグネットスクールがあるが、これらは両者の中間に位置するものである。また、ダンカンの導入政策以降、急増したチャータースクールは69校あり、すでに近隣学校の校数を上回っている。

エリート校と非エリート校のギャップは、具体的なカリキュラムを見ると一目瞭然である。**図表3**は、シカゴ市内のエリート向け「入学選抜高校」であるノースサイド・カレッジ・プレップ、中間層の「近隣学校」であるレークビュー高校、そして、貧困地域にあり統廃合対象となったディエット高校の生徒の構成を、**図表4**はカリキュラム（２０１１—２０１２年度）を比較したものである。

図表4で、エリート校であるノースサイド・カレッジ・プレップのカリキュラムを見ると、22科目の進学科目（ＡＰ＝アドバンスド・プレースメント、大学の入学準備に利用できる高度な内容の科目）を持ち、教科ごとにアカデミックで多様な内容を含む10〜30の科目が置かれている。「外国語」をみると、中国語、フランス語など6ヵ国語においてⅠからⅣまでの段階別に分かれ、「芸術」はさまざまな美術からオーケストラにいたるまで驚くほど豊富な科目から構成されている。しかし、中位グループのレイクビュー高校では、ＡＰ科目は半分の12になり、各教科の科目数も激減する。ただし、このレイクビュー高校の場合は、社会科についてはさまざまな歴史の科目が準備されているのは特徴的だ。ヒスパニック生徒の比率の高さを反映してか、ラテンアメリカ史の科目もある。

学校	ノースサイド・カレッジ・プレップ	レイクビュー高校	ディエット高校
数学	統合数学Ⅰ、統合数学Ⅱ、統合数学Ⅲ、統合数学Ⅳ、準微積分学、ＡＰ統計学、ＡＰ微積分学ＡＢ＆ＢＣ、多変数微積分学	代数学１（標準＆優等)、幾何学（標準＆優等)、代数学２／三角関数（標準＆優等)、可能性と統計学、ＡＰ統計学、AP大学の代数学、ＡＰ微積分学（A、B)、標準の大学数学、ＡＰ微積分学（C、D)	代数学（標準＆優等)、幾何学（標準＆優等)、代数学／三角関数、三角関数、準微積分学と微積分学 (生徒次第)、特別数学
世界の言語	中国語Ⅰ‐Ⅳ・ＡＰ、フランス語Ⅰ‐Ⅳ・ＡＰ、ドイツ語Ⅰ‐Ⅳ・ＡＰ、日本語Ⅰ‐Ⅳ・ＡＰ、ラテン語Ⅰ‐Ⅳ・ＡＰ、スペイン語Ⅰ‐Ⅳ・ＡＰ	標準中国語Ⅰ‐Ⅳ、フランス語Ⅰ‐Ⅳ、ドイツ語Ⅰ‐Ⅳ、スペイン語Ⅰ‐Ⅳ、ネイティブ専用スペイン語Ⅰ‐Ⅳ、ＡＰスペイン語	スペイン語Ⅰ＆Ⅱ
芸術	芸術１、立体芸術、陶磁器Ⅰ・Ⅱ・Ⅲ、デジタルイメージングⅠ・Ⅱ・Ⅲ、塗り描きⅠ・Ⅱ・Ⅲ、写真Ⅰ・Ⅱ・Ⅲ、造形Ⅰ・Ⅱ・Ⅲ、ＡＰ芸術の歴史、音楽コース、初心者合唱、コンサート合唱団、初心者バンド、中間レベルバンド、経験者バンド、室内楽、ＡＰ音楽理論	芸術１、モノクロ暗室写真、絵画Ⅰ・Ⅱ、ＡＰスタジオアート（絵画)、造形スタジオ、版画作成スタジオ、バンド、ジャズ合奏	芸術Ⅰ（ネット上)、楽器音楽、初心者＆中間レベル合唱団
コンピュータ・サイエンス	コンピュータ・サイエンスの探求、ウェブデザイン、データベースデザイン＆ＳＱＬ、プログラミング、デジタル・コンピューティングの要素、ＪＡＶＡとメディア・コンピュテーション、発展的データ構造		ウェブデザイン、ゲーム、情報技術、コンピュータ技術

出所）リップマン作成の表をもとに筆者が作表。

図表４　多様化された３高校のカリキュラム比較提供科目の比較（2011―2012年）

学校	ノースサイド・カレッジ・プレップ	レイクビュー高校	ディエット高校
特徴	比較的階層の高い入学選抜高校	中間層の「近隣高校」	貧困地域にあり統廃合対象となった高校
ＡＰクラス	22	12	0
特別プログラム／カリキュラム	維持される教育のためのブロック化された計画、方向づけられた学究的セミナー、学年を追って加速されていく配列数学	大学向け理数系ＡＶＩＤプログラム、国際的言語＆キャリア向け高度な数学、科学＆高度なテクノロジー	
英語	文学の概観、人文学、アメリカ文学、イギリス文学、世界の文学、ＡＰ文学と詩、ＡＰ言語と詩、高度な読解と作文、クリエイティブ・ライティングⅠ＆Ⅱ、ドラマチックな文学とパフォーマンス、スピーチとディベートⅠ＆Ⅱ＆Ⅲ、シェイクスピアの戯曲、同年代のフィクションの他民族の文学、現代文学、ジャーナリズムⅠ＆Ⅱ＆Ⅲ	アメリカ文学（標準＆優等）、英語Ⅲ、ＡＰ言語と詩、映画研究、ＥＳＬコミュニケーションⅡ＆Ⅲ、言語の美術を読むⅡ	英語Ⅰ～Ⅳ、詩、大学準備英語、特別英語Ⅰ～Ⅳ
科学	薬学、化学、生物学、海洋科学、地球／宇宙の科学、ＡＰ薬学、ＡＰ生物学、ＡＰ化学、ＡＰ環境科学	環境上の科学、地球科学、薬学、生物学、化学、ＡＯ生物学、ＡＰ科学	生物学、薬学、化学（標準と優等）、特別科学
社会科目	世界研究、アメリカの歴史（優等またはＡＰ）、心理学／社会学、シカゴの研究、社会人類学、ＡＰアメリカの政治、ＡＰ心理学、ＡＰヨーロッパの歴史、ＡＰミクロ経済学	世界の研究、世界の研究（優等または準ＡＰ）、アメリカの歴史（優等または準ＡＰ）、アメリカの歴史、アメリカの現代史（優等または準ＡＰ、2012-2013年に新設のもの：ＡＰ芸術の歴史、ＡＰ心理学、ＡＰアメリカの歴史、ＡＰ世界史、アフリカンアメリカの歴史、経済学，ラテンアメリカの歴史、アメリカ社会における法律、政治科学、心理学、社会学）	世界の研究、アメリカ史（標準＆優等）、アメリカ政治

さらに、南部のアフリカ系アメリカ人の最貧困地域にあるディエット高校では、AP科目の数はゼロになり、科目数は全教科合わせても20程度、外国語はスペイン語だけで、「芸術」は、実際の教師が教えるのではないオンラインの授業を含む3科目だけになる。貧困層、マイノリティに対しての高校が、驚くほど安上がりな学校とされていることがわかる。また、そのような科目の選択の幅の少ない高校では、授業内容も教師が一方的に教え込む一斉授業中心になりがちだという。エリート校では、選択の幅が大きく、生徒の興味に合ってグループ活動など学びを楽しめる授業がたくさん準備されているのに対し、非エリート校では、テスト対策向けのただ単位をとるだけの科目が固定化される傾向がある。当然ながら、生徒にとって学校はつまらないものになりがちである。この貧困層向けの経費を節約されたディエット高校は、「ダイエットスクール（食事制限する学校）」もしくは「校舎のあるオンラインスクール（内容はインターネットで教材が提供されるだけの安価なバーチャルな学校並みで、ただ校舎があるだけの学校）」と称されているという。

ディエット高校は、1999年に、シカゴ教育委員会によって中学校（ミドルスクール）から高校に変更された学校である。しかし、変更に伴ってプログラムへのAPクラス（大学進学クラス）などの追加は行われなかった。さらに、2005年まで、雨漏りのする天井、機能しない暖房、冷房設備なしといった劣悪な条件のままにおかれ、2011年まで「不適切な体育施設」が改善されなかった学校でもあった。2009年から、つぎつぎにプログラムやクラブがカットされ、２０１１年にはついに副校長と美術の教員枠もカットされている。

加えて、２００１年以来、ディエット高校の周囲にある約20校の小・中学校がつぎつぎと、廃校になったり学校種を変更させられたり、チャータースクールに移行させられたりした。その結果、地域の子どもたちは、拠り所（アンカー）となる地域の学校を失い、学校から学校へと移りわたらなければならなかった。また２００５年から２０１０年の間に、同じ南部地域にある４校の高校が廃校になった。特に、２００６年に隣接するエングレウッド高校が廃校になった際に、何の財政的支援もないままに、ディエット高校は廃校された多くの学校の生徒たちを受け入れなければならなくなった。その結果、同校は校内暴力の渦に巻き込まれてしまったという。

結局、２０１２年の2月、シカゴ教育委員会はディエット高校に対して「テスト達成度が低い」ことを理由に募集停止（fade out）にするための投票を行い決定した。イリノイ州立大学の教員、グティエーレスとリップマンは、廃校決定の背景にはこのような「不安定（Destabilization）、施設・設備の不備（Disinvestment）、権利を奪う（Disenfranchisement）」というシカゴ学校改革の「３Ｄ」の方針があることを指摘する。

しかし、そのような劣悪な条件に置かれていても、ディエット高校の生徒たちは、シカゴ教育委員会の会議において、母校を守るために、廃校反対を訴えるなど反対運動を行った。また、ディエット高校の地域は貧困であるにもかかわらず、生徒や保護者、地域住民は、高校と地域を守るために、２００５年の財政措置を求めるキャンペーンに始まって多くの活動を継続的に行ってきた。ディエット高校の生徒たちは、劣悪な条件でも自分たちの高校に誇りを持ってきたのだ。そしてその背景には教職員たちの並々ならぬ努力があったことが推し量られる。しかし、2015年6日、最後の13人の生徒が卒業して、ディエット高校は廃校となった。

このように、シカゴ市における中等教育の多様化においては、特に1995年シカゴ学校改革法以降、エリート校への資源の集中と、貧困地域、特にアフリカ系アメリカ人居住地域の学校に対する統廃合と経費削減によるコストカットが行われてきたことは特徴的である。特に、統廃合対象校と廃校によって生じる生徒受け入れ校に対する全く配慮のない経費削減の方針を見ることができる。

7　ミリタリースクール――貧困層の軍隊への勧誘

また、**図表2**にある6校の「ミリタリースクール」とは、貧困地域の中学校・高校のうち、「ミリタリースクール」（軍事学校）として開設された学校、もしくは普通の近隣学校が「ミリタリースクール」にリニューアルされたものである。これは、軍隊式の訓練を日常的に課す、軍隊出身の教員を配置した新しいタイプの公立学校であり、全米でもシカゴ市で最初に発展をとげたものである。きびしい規律や軍隊式の訓練、「リーダーシップ」の習得、軍服の制服などを特徴とする。学校によっては、予算をかけた情報機器（コンピュータ・ラボ）も特色となっている。

今日の軍隊の人材には、情報機器に長けた能力が求められることもあることが推し量られる。「ミリタリースクール」とともに、「キャリアアカデミー」は中等教育段階から職業準備的な特色を有した学校として貧困層、有色人種向けに、1995年教育改革法のもとで制度化されてきたものである。公的には、シカゴ市教育委員会は、マイノリティの生徒が多くドロップアウト率が高いため、これを改善するためにラディカルな改革が必要であり、多様な機能を持つ中等教育機関を設立すると説明する。ただし、「キャリアアカデミー」の中には、例外的に市内に1校、国際バカロレア取得を特色とした、必ずしも非エリート層向けとはいえないカリキュラムの高校も存在する。

1999年、シカゴ教育委員会が2校のミリタリー高校と1校のミリタリー中学校（ミドルスクール）を開設したのが「ミリタリースクール」導入の最初のケースであり、同時に、軍の予備役将校訓練（Junior Reserve Officer Training Crop）が地域の近隣高校に拡大された。当時のバラス教育長は、「ミリタリープログラム」を「未来に向けた波（the wave of future）」と語っている。その最初の2校の「ミリタリースクール」である、シカゴ・ミリタリー・アカデミーとカーバー・ミリタリー・ハイスクールは、南部の貧困なアフリカ系アメリカ人のコミュニティに開校され、入学者の80％がアフリカ系、残りの多くはヒスパニックの生徒であった。それらの学校は、シカゴ教育委員会とともにアメリカ軍とパートナーシップを結び、特に、シカゴ・ミリタリーでは、軍の将校による指導が行われている。退役軍人がグループワークなどの指導に入る点も特徴的である。教師たちは軍服を着ており、生徒から「先生」ではなく「キャプテン」と呼ばれていた。学校に常駐する軍の募集職員は、すべての生徒たちと面接し、軍の入隊テストに誘い、しかも、そのテストは学校の中で制度化されていたという。さらに何人かの生徒たちは、高校卒業前に、軍隊に体験入隊して基礎トレーニングに参加していた。

たとえば、２００５年に開校され市西部に位置するフェニックス・ミリタリーアカデミーでは、毎朝7時30分には、全校生徒による軍隊式の行進トレーニングが行われる。その際には、生徒たちは模造銃を持って行進を行う。同校の生徒の85％は低所得層であり、約70％がヒスパニック系で約30％がアフリカ系からなるが、全市内から通学する生徒がいる人気校でもある。さらに、同校の教師への聞き取りによると、「ホームレス生徒」と称される、定住する家がなく家族と収容施設（シェルター）に居住する生徒も一定数いるという。彼らの進路は、60％程度がカレッジや大学等の高等教育機関への進学であり、直接軍隊へ入隊するのは20％、残りの20％が一般に就職とされる。数年に一度、卒業後に軍隊のエリートコースである陸軍士官学校（通称ウエストポイント）に進学する生徒もいるが、入隊者の多くは下級兵士になる。他方で、きびしい学校生活に合わずに中退していく生徒もいるという。また、他の「ミリタリースクール」もそうであるように、近隣学校とは異なって学校と地域との関係は良好ではないと、その教師は述べていた。

また最近のケースとしては、２０１２年、テスト結果が「年度ごとの適性進捗率」に達しなかった公立のエイム中学校が、教育委員会によって「ミリタリースクール」への統合、実質的な転換が強行される事件が起きた。中学校保護者の投票では85％が反対したにもかかわらず、この統合は強行された。別の場所にある複合的な大規模施設内に設置されていたマリーン・サイエンス・アンド・マス・アカデミーが移転してきて、結果的にエイム中はそれに吸収されることになった。同中学校は、郊外ではあるが鉄道駅に近い交通の便がよい場所にあり、校舎は12年前に建設された比較的新しい大規模なものだった。

軍服風の制服を着て学習する生徒たち

星条旗、海兵隊旗で飾られた廊下

全生徒の正解度をまとめてチェック

その新しい「ミリタリースクール」である、マリーン・サイエンス・アンド・マス・アカデミーは、7年生（12歳）から12年生（18歳）までのヒスパニックを中心とした生徒、約千人を収容する大規模校である。校長の説明では、市内の人気校であり、遠い地域からも生徒が鉄道を使って通学してくるという。

入学は、面接を経て決定されるが、他のミリタリースクール同様、貧困層の出身者、この学校は特にヒスパニック系の生徒が約80％を占める。そのため、教員は英語とスペイン語を用いて授業を行う。

校内では、7年生（12歳）以上の全生徒が2種類の軍服風の制服を着用している。廊下には星条旗と海兵隊（マリーン）の旗が数多く飾られ、教師に対して生徒たちは起立して軍隊風の挨拶を返す。ただし、校長はシカゴ教育委員会から遣わされた37歳の文民教師、すなわち非軍隊関係者である。彼は、高校時代、自ら、初期の軍隊訓練プログラムをシカゴ市内の高校で経験したことを語ってくれた。

教師や生徒たちへの聞き取りで、軍隊への入隊についてたずねると、教師たちからは、あくまで生徒の自己決定であり進路の強制はしない、という答が返ってきた。むしろ、この学校は、数学と理科に特色があるプログラムを備え、アカデミックな学習内容を習得し、カレッジ進学をめざす教育機関であることが強調された。実際には60％がカレッジか大学に進学し、卒業後、直接軍に入隊するのは15～20％であるという。8年生の数学の授業では、各自が1台のタブレットを持ち、一斉授業の中でそれぞれの正解状況を教師がチェックするスタイルで授業が行われていた。

また、教育プログラムの中でも、「リーダーシップ」の教育は非常に重視され、軍隊出身の教員の指導が中心的に行われる。それはリーダーになるものだけに必要な能力ではなく、「誰もが自律的に判断できる力」を養うものであり、「オートノミー」（自律性）を重視したものであることが教員から説明された。「きびしい規律」も特色ではあるが、インタビューした同校の生徒は、行動の基準があらかじめ決められていることはむしろ行動のしやすさにつながり、特にきびしさは感じないと述べていた。

リップマンは、「ミリタリースクール」とは、「複数の政策の統合のもとでの一つの要素」ととらえる。それは全体として、有色人種の青年を規範化し選別するものであり、規律に対応する積極的な模範生を選別（軍隊への入隊）する一方で、別の者たちを犯罪者として選別するものであるというのだ。また、この統合政策のもう一つの要素は、シカゴ教育委員会のゼロトレランス（寛容ゼロ）の指導政策を含むものであるとする。それは、「安全な学校」という方針をも含むものである。

「ゼロトレランス」とは、「寛容度ゼロの生徒指導」のことであり、「学校規律の違反行為に対する罰則の適用を基準化し、厳格に適用することで規律の維持を図ろうとする考え方」（坪田眞明、文科省『生徒指導メールマガジン』）であるとされる。

この政策が、シカゴ市教育会に導入される前の１９９４年には、アフリカ系の生徒比率は55％

で、その停学者及び退学者に占める割合は66％だった。ゼロトレランス導入後は、生徒比率は52％に下がったにもかかわらず、停学・退学率は73％に上昇した。停・退学者の総数自体も、1999年から2000年の間に2万1000人から3万7000人に急増し、有色人種の生徒たちが停学・退学の対象者となる事態が多数出現するようになっている。同時に、デイリー市長が支持したシカゴ反ギャング徘徊条例によって、貧困な有色人種の青年は、簡単に逮捕されるようになったとされる。

ただし、最近、「ミリタリースクール」の「ゼロトレランス」の方針の一つとして、以前のような「学校の外での停学」から「学校の中での停学」、すなわち学校内での別室での謹慎処分（日本でいえば「別室指導」か）へと方針転換されていることを、学校関係者たちは述べている。

現在、アメリカでは貧困層の青年が軍隊にリクルートされる状況が拡大している。徴兵制を敷かなくても軍隊に向いた人材を確保し、さらに保守的・好戦的な青年を輩出できる制度は、施策側にとって利用価値が高いであろう。新自由主義教育改革を批判する教育社会学者のM・アップルは、NCLB法が、公教育と軍隊との連携を強化する点を批判している。軍の募集職員が、生徒のテスト成績を自由に閲覧できるなどさまざまな問題も指摘されている。

結局、貧困層の子どもたちは、地域の学校を奪われミリタリー系の進路を選ぶことを提示されるか、ゼロトレランスによってきびしく服従をしつけられるか、ドロップアウトして犯罪者となるといった選択肢に追い込まれる傾向が強まっている。

リップマンは、経済的な構造転換と新自由主義政策が、アフリカ系とヒスパニックのコミュニティを「余剰な人々」の部門にした、とする。「彼らは新しいグローバリゼーションがもたらした『第四世界――それはこの地球のいたる所にある社会的排除の多様なブラックホールから成り立つ――』の一部であり、直接に統制されなければならない」と述べる。「ミリタリースクールと犯罪者を生み出すことは、人種差別的な社会統制の一つであり、内包と排斥、自己規律化と直接的な権力を同時に含みこんでいる。資本は、『しつけられたコミュニティと流動的な働き場所』を必要とする。」

グローバルシティ、シカゴ市において産業構造の転換とともに必要度が低下した貧困な有色人種のコミュニティの青年たちに、軍隊の訓練と服従を課して治安維持に役立てるだけでなく、その中からピックアップした人材を軍隊へリクルートしていく。「ミリタリースクール」とは、新自由主義下での究極の公立学校のあり方といえよう。

8　小中一貫校は、学力が低い貧困学校

さらに、シカゴ市では小学校段階からの多様化、序列化が進んでいる。**図表5**は、市内のタイプ別の小学校の校数と特徴を比較したものである。

伝統的な地域の公立小学校である「近隣学校」は現在２９５校ある。これは決められた学区を

図表５　シカゴ市公立小学校の多様化（2013 ― 14年度）

学校種別	校数	学校規模（生徒数）	対象学年	小中一貫（K ～ 8）の比率	学区	入学基準
近隣学校	295	多様、大規模が多い。	K ～ 8、PK ～ 8がほとんど。	約93%	○	なし
クラシカルスクール（エリート校）	5	200人前後。	K ～ 6がほとんど。	20%（１校のみ）	×	入学試験
スモールスクール	13	基準は350人以下、それ以上も有り。	K ～ 8、PK ～ 8がほとんど。	約93%	○	なし
チャータースクール（公設民営）	53	多様。	多様。K ～ 8が多い。	約74%	×	多い場合、抽選
コントラクトスクール	3	400人前後。	K ～ 5など。	0%	×	抽選
スペシャルスクール（障がいのある生徒の学校）	6	100 ～ 300人程度。	多様。障がいに応じて分ける。	0%	×	なし

持ち、地域の子どもたちに平等な教育サービスを提供する学校であった。しかし現在、「クラシカルスクール」という、全市から選択できる選抜試験を伴う「エリート校」が中・高と同様に北部の裕福な地域を中心に5校開校され、「近隣学校」の多くは「非エリート校」として位置づけられることになった。「クラシカルスクール」のうちK～6年制（キンダーガーテンから6年生まで）をとる3校は、特に多額の予算をかけた高度な教育内容を持つトップ校として、市では特別な学校とみなされている。それに比較して、「近隣学校」は予算やプログラムをカットされた学校として位置づけられることが多い。貧困なコミュニティの学校は、多くがこのタイプの学校である。さらに、やはり全市内から選択できる、公設民営のチャータースクールは、小学校では53校開校されており、新しいタイプの公私協力型の学校であるコントラ

クトスクールも3校開校されている。

シカゴ市の場合、「近隣学校」の93％が、Ｋ～8制（5歳児のキンダーガーテンから8年生までを対象とする）もしくは、ＰＫ～8制（4歳児のプレキンダーから8年生までを対象とする）いわゆる小中一貫制を取っているのは特徴的だ。これは、もともと7、8年生などを対象とするミドルスクール（中学校）があったのが、統合を進める中で再編されてきたものである。それに対してリップマンは、Ｋ～8校は新自由主義的な学校再編（学力テストに基づいた統廃合）になじみやすい制度であると指摘する。その学校規模は多様ではあるが、比較的、大規模校がめだつ。

それに対して、新しく創設されたエリート校である「クラシカルスクール」は初等教育のみのＫ～6年生が主体であり、入学試験で絞った児童数は２００人前後と小規模に設定されている。レベルの高いカリキュラムで、子どもに高い「教育的効果」を上げるためには、初等教育のみを独立させた一定の規模の学校において、少人数指導を行う方が適切であることが示されているようだ。

逆に、シカゴ市においては、予算をかけない貧困層の学校が、Ｋ～8、すなわち小中一貫校となっている点は、小中一貫校を法制化したばかりの日本と比較して注目すべき点であると思われる。日本において、現段階で小中一貫教育の教育的効果は検証されていないにもかかわらず、推進する政府や自治体は、「小学校から英語が充実する」「連続した小中一貫の学びができる」といった、あたかも「エリート校」となるかのような宣伝を行っている。しかしながら、実際には小中一貫教育の導入は統廃合を伴う小学校からの序列化が目的であり、本当の「エリート校」は小規模で初等教育を独立させた制度であることがたくみに隠されているのかもしれない。

いずれにせよ、アメリカにおける公教育はもはや小学校から平等なものではなくなったのだ。日本の小中一貫校推進政策は、この「小学校から選別化された公教育制度」を後追いしていることは間違いない。

9　親と教師の新しい共同

このように、学力テスト体制による公立学校の不平等と序列化、貧困なコミュニティへのきびしい統制と資源の剥奪という社会的矛盾が極限にまで達しているのに、公選制教育委員会を奪われ市長の教育行政への権限が強化されてことによって主権者として声を出す機会が失われた状況において、保護者や教師たちが反対運動や拒否を行っていることに注目したい。

最初に掲げた四つの対抗軸の中で、学力テストを拒否した2校の小学校、ドラモンド小学校はまさにハイ・パフォーマンス・コミュニティの典型例であり、貧困地域のサウシド小学校は、貧困層、マイノリティの保護者たちの反対が教員組合の教師たちによって組織された典型例といえよう。それらの学校では、学校の教師、教員組合との共同によって運動が理論化・組織化され、大きな影響力を持つにいたっている。また、学校統廃合への反対運動の保護者、地域住民と教師、教員組合との共同も全市規模の強力な運動に高められていった。

これらの運動の背景には、シカゴの公教育が１９６０年代から黒人に対する差別と闘い、教師や保護者達が平等な公教育を求める運動を行ってきた歴史が存在している。そして、決定的だったのが、２０１０年に組合の主導権を握ったコーカスが新自由主義批判によって保護者、市民と連携した点であった。シカゴ教員組合は、地域パレードなど住民と共同したさまざまなイベントを行っている。たとえば２０１４年、組合は「ブラウン判決60周年記念集会――まだ分離されている、まだ不平等だ」という集会を、２０１３年に廃校になった貧困地域の小学校跡地で開催した。ブラウン判決とは、１９５４年に連邦裁判所がカンザス州法の黒人に対する学校の人種分離政策を違法とした判決である。

その呼びかけ文には、ブラウン判決からの引用によって次のように記されていた。「公立学校における子どもの差別は、人種の問題だけではなく、……あらゆるマイノリティの集団から平等な教育の機会を奪うことである。……分離された教育機関は本来、不平等である」。そのような差別反対、公民権運動の歴史が、新自由主義批判の根底に存在している。新自由主義教育改革の〝客観的〟な監査、アカウンタビリティ（説明責任）の名のもとに、人種差別、貧困への差別が覆い隠され、むしろ強化されていくことに対して、「ノー」を唱えることが多くの層に共有化されていく。

シンプルなことだが、子どものための保護者、地域住民と教師の階層を超えた共同が決定的に重要であることは日本でも同じであろう。

参考・引用文献

Fredelic M. Hess, 'Refining or Retreating? High Stakes Accountability in the States,' Paule E. Peterson, Martin R. West ed., *No Child Left Behind?*, Brookings, 2002.

Pauline Lipman, *High Stakes Education*, Routledge, 2006.

Pauline Lipman, 'Making the Global City, Making Inequality, : The political Economy and Cultural Politics of Chicago School Policy,' *American Educational Reserch Journal*, Vol.39. No2,2002.

Pauline Lipman, *Race, Class, and Power in School Restructuring*, State University of New York Press, 1998.

Pauline Lipman, *The New Political Economy of Urban Education: Neoliberalism, Race, and the Right to the City*, Routledge, 2011.

小松茂久『アメリカ都市教育政治の研究――20世紀におけるシカゴの教育統治改革』人文書院、２００６年。

鈴木大裕「シカゴ教員組合スト――組合改革から公教育の『公』を取り戻す市民運動へ」、民主教育研究所『人間と教育』第86号、２０１５年６月、旬報社。

CEJE Reserch Snapshot, *School Closings and Decision Making in Chicago Public.*

Rhoda Rae Gutierrz & Pauline Lipman, *Dyett High School & The 3Ds of Chicago School Reform.*

第Ⅱ部

学制改革の突破口

第5章　チャータースクールと公設民営学校

1　公設民営学校の法制化へ

民間の主体が公費で公立学校を経営する公設民営学校は、アメリカのチャータースクールをモデルとしている。日本の公設民営学校については、２０１４年9月、国家戦略特区法案の改正案に盛り込まれ、解散総選挙によって廃案になったものが、15年度、国会に再び上程される予定だ。自治体が国家戦略特区の特区制度を使って申請し認可されれば、国際理解教育および外国語教育を重点的に行う中高一貫校に限定して公設民営学校が特例的に認められることになる。

すでに、グローバル人材養成に向けて、国際的に用いられる大学入学資格である「国際バカロレア」取得ができる学校や、「英語イマージョン教育校」などが計画されている。ただし、委託される民間主体は、学校法人やＮＰＯ法人など非営利団体に限定はされており、現段階ではアメリカのチャータースクールで拡大したような株式会社は想定されていない。

自治体レベルでは、橋下市長のもと、すでに13年から大阪市が国家戦略特区構想と公設民営学校の導入を具体的に検討している。そこでは「国際バカロレア」取得のための中高一貫校のみならず、既存の公立小・中学校の公設民営化も検討されている。また、計画の中では委託主体としての民間企業の可能性も検討されていた。

さらに、現在交渉中のＴＰＰ（環太平洋パートナーシップ協定）において、「公設民間学校」は医療保険企業などと並んで項目の一つにあげられており、締結されれば将来的にアメリカのチャータースクール運営団体などが進出してくる可能性もあると思われる。それによって、オールアメリカ人教師による本物の英語学校が容易に実現されることになりかねない。

また、法制化を目前に控えて、超党派議員による、不登校児童生徒向けのフリースクール、夜間中学校などを義務教育とみなし公費負担するという「義務教育の段階における普通教育の多用な機会の確保に関する法律案」（略称・多様な教育機会確保法〈仮称・案〉）が公表された。すなわち本人・保護者が、既存の学校以外のフリースクールなどで学ぶのに「個別学習指導計画」を市町村教育委員会に提出して認定されれば、義務教育として認められ公費負担されるようになるのだ。これは、アメリカのチャータースクールと類似した制度といえる。まさに、公設民営学校法制化の地ならしのために周辺の法的整備が図られているのだ。このような急激な改革は、公教育制度に対してどのような意味を持つものなのか。

2　日本におけるチャータースクール導入の議論

日本では、すでに1999年、自民党内の「チャータースクール構想等教育研究グループ」が制度試案を提出するなど公設民営学校に着目している。翌2000年、首相の私的諮問機関「教育改革国民会議」において、アメリカのチャータースクール制度をモデルにしたとされる地域運営学校（コミュニティスクール）が、金子郁容委員によって「17の提案」の中に盛り込まれた。これは、地域代表などからなる学校運営協議会を設置する制度であり、運営主体は公的な存在に限られていた。提案を受けた21世紀新生教育プラン（2001年1月）において、「多様な教育機会を提供する新しいタイプの学校の設置」が提起され、「私立学校の設置のための基準の明確化」が主要施策としてあげられた。

当時、従来の公立学校に対して、民間が主体となって公費で運営される自由で多様な学校をつくるというイメージのチャータースクール運動が、日本でもブームになっていた。特に、不登校の子どもたちが通うフリースクールや独自の理念に基づいたシュタイナー学校など無認可の学校関係者たちの中に、公費支出を期待しチャータースクールに期待する動きが見られた。

このような動向は政策的に、第1に、「小学校設置基準」「中学校設置基準」の法制化、第2に総合規制改革会議が認可する「教育特区」制度、第3に、政府による公設民営学校の制度化へとつながっていく。

第1に、2002年に法制化された「小学校設置基準」「中学校設置基準」（文部科学省令第14号および第15号）については、学校条件整備の全体的な水準を上げるためのものではなく、「多様な教育機会を提供する観点から、私立学校を設置しやすくするために、小・中学校の設置基準の策定を進める」（中教審第2回総会2001年2月）と、民間による学校設置のハードルをそれまでより下げて、私立小中学校を設置しやすくする目的が見て取れるものだった。

歴史的に見ても、日本において全国的な小・中学校の設置基準は存在しておらず、私立学校を開校する場合には、民間の主体は各自治体の基準に応じて、校地や校舎資金、運営資金の資産審査のためなどの多額の費用を準備しなければならなかった。もちろん学校法人以外の民間企業やNPO法人などが学校を設置することはできなかった。

第2の「教育特区」についていえば、経済活性化のために内閣府の規制改革推進会議が構造改革特区制度を導入し、その中に「教育特区」制度が盛り込まれたものである。2002年以降、自治体が申請して認可されれば、学校設置主体として株式会社およびNPO法人が認められるケースが出現した。株式会社立学校は、「校地、校舎を所有しない学校」という学校設置条件の規制緩和によって生み出されたものだった。

ただし、これらの学校は、学校法人による私立学校とは異なり、私学助成の対象にはならなかった。民間企業が学校を設置する株式会社立学校の導入に対しては、当初、文科省は強く反対したが、小泉首相の意向を受けた規制改革推進会議に押し切られる形で導入したものだった。最初の株式会社立学校は、千代田区の東京リーガルマインド大学であり、岡山県の朝日塾経営の中学校がそれに続いた。しかし、株式会社立学校として最も拡大したのは、中退者もしくは不登校生向けの広域通信制高校（単位制・普通科）だった。その際、「特区」申請した自治体は、ほとんどが地方の過疎自治体である点も特徴的であった。そのなかには、長期賃貸契約によって自治体から土地、建物を貸借し、廃校になった校舎を利用するケースも多く見られた。自治体側は町おこしや法人税収入増、雇用の増大のために認可申請団体となっていた。他方、生徒の多くは都市部の出身であり、年に数日のスクーリングとインターネットでのレポート提出により高校卒業に必要な単位を取得できる学校も存在した。認可自治体と学校は、生徒の日常的な教育活動にコミットするわけではなかったのだ。

さらに第3の点については、２００２年の構造改革特別区域法における「私立学校法の特例」措置の導入、２００３年の「骨太の方針」および「構造改革特別区域推進本部決定」を受けて、「構造改革特区」を用いた高等学校及び幼稚園を対象にした「公私協力学校設置事業」が制度化された。小泉政権下の規制改革推進会議が株式会社立学校導入を強く望んだのに対し、反対する文科省の意向との折衷で制度化されたものであるとされる。

２００４年の中教審答申は、設置者管理主義の例外として幼稚園と高校の公設民営化を容認し、指定管理者制度をモデルとした委託先指定手続きの法制化を提起したのだ。基本的にこの「公私協力学校」では、自治体が校舎、校地、運営費など必要経費をすべて提供し、民間のノウハウを持つ学校法人やNPO法人、株式会社などが、自分のノウハウで学校を経営することが計画された。

しかし2005年度からこの「公私協力学校設置事業」は実際に制度化されたものの、私学助成がつかないなどの理由から、結局、実際の開設はゼロにとどまった。一方、この制度に準じて、運営費は学校法人側の負担となる「公私協力方式の学校」も制度化された。この制度を用いて、NPO法人による不登校生徒向けの私立中学校、学校法人による英語イマージョン教育の学校など、計4校が開設された。

このように、少しずつ公教育事業への民間主体の進出は少しずつ進展していた。しかしながら、公立学校の運営の「包括的な委託」については、「入退学の許可や卒業認定等の公権力の行使と日常の指導等との〝切り分けが困難〟」であるという理由で、文科省は、この時点では民間に包括的に公立学校を委託することは困難という見解をとっていた。

3　「日本再興戦略」から大阪へ

日本における公設民営事業の拡大は、通信制高校以外では、福祉分野の保育園で拡大してきた点は特徴的である。公立保育園の民間委託に関しては、2000年に厚生省通知「保育所の設置認可等について」によって認可保育所の設置主体制限が撤廃されて以降、各地で急速に拡大する傾向が見られた。拡大に伴い、各地で民営化に反対する保護者や市民との間に紛争が生じた。

しかし公教育の根幹部ともいえる公立学校、特に義務教育段階の学校においては、公設民営方式は進展していなかった。それに変化が生じたのは、2013年6月に公表された政府の「日本再興戦略――Japan is Back」における以下の記載だった。同文書は、特定のグローバル企業への重点的な支援とグローバル人材の育成を強く打ち出したものだった。

「公立学校で多様な教育を提供する観点から、公立学校運営の民間開放（民間委託方式による学校の公設民営等）が有効な施策となり得ることを踏まえ、少なくとも特区において、こうした民間開放を柔軟に行うことについて、速やかに検討を開始し、できるだけ早期に結論を得る。」

具体的には、インターナショナルスクールの設置、国際バカロレア取得可能な高校、中高一貫校の設置などがあげられた。それを受けて同年、大阪市が国家戦略特区にノミネートする構想を公表し、公設民営学校の設置を提案した。「民間の運営ノウハウや人材の活用により特色ある学校運営が実現するとともに、選択肢の拡大により多様化する児童・生徒・保護者・地域のニーズに応える」学校をめざすとし、従来の公立学校同様、義務教育費国庫負担制度のもと、国と地方自治体が教育費を負担する、としている。具体的には、国際バカロレアが取得できる中高一貫校と、普通の小・中学校も提案している点は特徴的だ。そして大阪の経済活性化のために5年以内の開校を提起するなど、きわめて早いスピードで制度の具体化が構想されている。2015年に国家戦略特区法が改正されれば、いよいよ制度化がスタートする。

4　アメリカで拡大してきたチャータースクール

日本で進展する公設民営学校のモデルとも言えるアメリカのチャータースクールとはいかなる制度なのか。

その出発点は、学校を起こしたい親や地域のグループなどが行政や公的な団体によって公立学校として「認可」（チャーター）され、公費で運営を任される代わりに、その結果責任を取る、という制度であった。１９９１年にミネソタ州で最初のチャータースクール法が制定されて以来、急速に全米で拡大した。当初のチャータースクールでは、親やコミュニティのグループなど小規模な民間主体が学校をデザインする「自主運営」（free -standing）形式が一般的だった。それがその後、大規模な非営利団体や民間企業の進出を見ることになっていく。

多くの州では、行政が、入学した生徒数に応じた公費（一人当たり平均教育費）を民間主体に配分し、何年かに一度審査を行って学校を継続していくことになる。一口にチャータースクールといっても、地方分権が徹底するアメリカでは、州ごとに法が異なり、様々な制度が存在する。

図表1は、全米のチャータースクール法および各州の校数の一覧である（Legg Mason, 1999 他）。現在50州中、43州にチャーター法があり、１９９９年に１０２１校だった校数は、２０１４年に

図表1　アメリカ各州におけるチャータースクールの実態比較

州	校数		チャータースクールの認可団体	チャーター法の制定年	企業が所有・運営可能か	教員組合組織率
	1999年	2014年				
カリフォルニア	145	1130	地教委・州教委・市教委	1992	両方可	57%
フロリダ	70	625	地教委	1996	運営のみ	3%
アリゾナ	180	605	地教委・州教委・チャーター委	1994	両方可	2%
オハイオ	15	400	州教委か地教委	1997	運営のみ	NA
ミシガン	132	297	地教委・中間教委、州立コミュニティーカレッジ、州立大学	1993	運営のみ	5%
テキサス	87	280	変更は地教委、新設は州	1995	運営のみ	21%
ウィスコンシン	30	245	地教委	1993	両方可	94%
ニューヨーク	NA	233	変更は地教委、新設はニューヨーク州立大学と評議委員会	1998	両方可	NA
コロラド	60	197	地教委	1993	両方可	8%
ペンシルバニア	31	176	地教委	1997	運営のみ	0%
ミネソタ	38	149	地教委・高等教育機関	1991	運営のみ	NA
ノースカロライナ	59	127	地教委・州教委・州立大学	1996	運営のみ	0%
オレゴン		124		1999		
ルイジアナ		117	地教委	1995	運営のみ	0%
ジョージア	27	110	州教委	1993	両方可	0%
ニューメキシコ	5	95	州教委	1993	不可	75%
ユタ	0	95	州教委	1998	運営のみ	NA
ニュージャージー	30	87	州教委	1996	運営のみ	0%
マサチューセッツ	34	81	新設は州教委、変更は地教委	1993	運営のみ	0%
インディアナ		75		2001		
テネシー		71		2002		
イリノイ	14	66	州の審査後、地教委	1996	運営のみ	0%
ワシントン		60		1996		
サウスカロライナ	5	59	地教委	1996	運営のみ	21%
メリーランド		52		2003		
アイダホ	2	47	地教委	1998	不可	NA
アーカンソー	0	39	地教委の承認後、州教委	1995	不可	
ミズーリ	0	38	地教委・高等教育機関	1998	運営のみ	NA
ネバダ	1	34	州の承認後、地教委	1997	運営のみ	NA
ハワイ	2	33	州教委	1994	不可	100%
アラスカ	17	27	地教委	1995	運営のみ	100%
オクラホマ		25		1999		
デラウェア	4	21	新設は州教委、変更は地教委	1995	両方可	0%
ニューハンプシャー	0	19	地教委	1995	不可	NA
ロードアイランド	2	19	州教委・州教育長	1995	運営のみ	100%
コネチカット	16	18	州教委・地教委	1996	運営のみ	18%
カンザス	15	11	州の審査後、地教委	1994	不可	100%
バージニア	0	6	地教委	1998	両方可	0%
メーン		5		2011		
ワイオミング	0	4	地教委	1995	運営のみ	NA
アイオワ		3		2002		
計	1021	6723				

は6723校に増加している。児童生徒数も約35万人から約289万人に増加している。校数が多い州としては、2014年ではカリフォルニア州の1130校、フロリダ州の625校、アリゾナ州の605州が上位3位を占める。

教育シンクタンク「教育改革センター」は、毎年、規制が弱く運営主体にとって自由度の高いチャータースクール法のある州と規制が強い州のランキング表を公表している。例年、「強い」チャータースクール法を持つ州として順位が不動なのは、ワシントンDC、ミネソタ州、インディアナ州、ミシガン州、アリゾナ州となっている。このうち、ミシガン州では、全チャータースクールの約80％において民間企業が運営母体となっており、12年段階で33社が約200校の企業経営チャータースクールを運営している。

全米で見ても、特に90年代後半以降は、規制の弱い州を中心に、経営母体として民間企業の拡大があった。95年に全米でわずか5社だった経営企業は、12年には95社になり、公教育に新しい市場を作り出した。しかし他方で、近年では、非営利団体によって運営されるチャータースクールも増加している。ただし、非営利団体といっても、当初の「自主運営」方式とは異なり、組織的・制度的に整備された大規模なものとなり、団体が民間企業などを〝パートナー〟として教材やサービスを購入する形で運営されるものが多い。

5　チャータースクールが果たしてきた役割

アメリカ社会における公共サービスの分権化動向を研究テーマとする教育学者のＶ・フューラーは、チャータースクールは二つの文脈の中に位置づけられる、とする。すなわち、一つには、アメリカ保守派による市場を通しての個人的な利益の追求と、非効率的な都市部の教育システムに対するリベラル派の増大するいらだちの結合から生まれた「学校選択制度」の文脈に位置づけられるとする。チャータースクールは、学区の「選択できない」公立学校に行きたくない人が「選択」できる学校として拡大していったのだ（Fuller, 2000）。

二つには、「市民社会が、よりあたたかく、より援助的な形態のコミュニティをどのようにつくりあげられるのか」という文脈の中に位置づけられるとするのである。当初は、多くの個人的なチャータースクール創設者やそれに関わった親たちは、自分たちの学校を通じてあるコミュニティをつくろうとしていた、というのである。

そして、そのような集団が草の根運動を進める中で、特別な方法で公的資金を獲得し社会的活動を整えようとしたものに、チャータースクールは源を発しているのであって、決して最初から市場原理から生まれたものではないとする。そして、それゆえに理念的には階層や人種を超えた公共性の創出をめざした従来の公教育制度とは異なり、一見すると前近代的ともいえる、たとえば人種や階層や宗教などで区分された「部族主義」のような小さなコミュニティに基づいた学校といった特徴を色濃くもっていたとする。従来の公教育の中では実現されなかった、少数者の教育要求を実現することこそが、当初、この制度に求められたものだった。確かに、たとえばミシガン州では、アフリカン系アメリカ人の文化を全面的に打ち出した、ほぼ全員黒人生徒によって構成された地域のチャータースクールが多く見受けられる一方で、キリスト教の一派である改革派協会の文化を反映させた中間層向けのチャータースクールも存在していた。

しかしながら、１９９０年代に各種で法制化され校数を拡大していったチャータースクールは、新自由主義教育改革の中に組み込まれることで、別の意味合いを持つことになる。すでに80年代後半から、ブッシュ大統領のもとで、クリントン・アーカンソー州知事が中心となって学校改革プランに着手してきた全米州知事協議会の中心的プランナーだったコーエンの論文は、その後の改革の行方を方向付けたとされる。フューラーはそれを以下のように要約する（Fuller, 2000）。

「強力な州レベルの改革を進めるとともに、いかに民主党改革者が教育における選別的・中央集権的な改革と、学校レベルの分権化を組み合わせていけるかについて、芸術的な見取り図を作り上げる」。具体的には、各州のスタンダード（教育課程の基準）設定、スタンダードを通じての教育内容の高度化、その定着をはかるための州統一テストの実施、アカウンタビリティと称しての「結果」公表、高い達成をおさめた教師に対する報酬とペナルティ、などの「選別的・集権的な教育制度」と、さまざまな権限、意思決定を学校レベルに委譲していく「分権化」をブレンドする流れの中に、チャータースクールも位置づけられていくのである。すなわち、チャータースクールは学力テスト体制のパーツに組み込まれて、重要な役割を果たしていくことになる。

特に、ＮＣＬＢ法（２００２年）による、学力テストの「年度ごとの適性進捗率」に達しなかった学校に対するペナルティとしての「チャータースクールへの移行」措置などにより、容易に従来の公立学校にとって代わる条件が増していくことは大きな意味を持った。さらに、政策側が特定の公立学校を統廃合しようとする際に、チャータースクールを近隣に設置して公立校の生徒数を減らすケースなども出現している。

このように、学力テストでの「好成績」の宣伝によって「選択」されることにより、公立学校から生徒を奪い経営的に成功するとともに、公立学校を統廃合に追い込んでいくための制度として、チャータースクールは全面的に利用されるようになっていった。また、新しい市場を創設するという新自由主義教育改革のもう一つの目的を、多くの民間企業のチャータースクールがダイレクトに果たすようになっていった。

6　学力テストと結びついたチャータースクール

まさにこの方向で改革が進められたケースとして、マサチューセッツ州のチャータースクール制度があげられる。80年代、ボストンなどの大都市部では、有色系移民の増加と白人層の流出などによって生じた公立学校生徒の学力低下や青年労働者の質の低下に対して、地域経済界から危機が叫ばれていた。1989年、そのような経済界の圧力により、それまで公選制で委員に黒人コミュニティ代表が多かったボストン市教育委員会が、市長による任命制に改正された。それによって、教育に対する市長の権限は強化され、委員は白人の「改革」派中心に入れ替わることになる。4年後の1993年、ボストン市教委の改革を承認したジョン・ウェイド州知事が中心となって、マサチューセッツ州教育改革法が制定された。その目玉は、州の教育スタンダードの設定とそれに基づく州統一テスト（MCAS, Massachusetts Comprehensive Assessment System）の導入であったが、同時に州教育庁の認可によるチャータースクールの設置決定も盛り込まれていた。

州統一テストは、学年制をとるすべての学校の4、8、10学年生徒に英、数、理の統一テストを課し、2002年度から10学年における一定のテスト成績獲得を高校卒業要件にするというものだった。こういった形で生徒に一定の「学力」を保障することが公教育や教師にとっての「説明責任」であることが強調された。

他方、チャータースクールについては、当初、州内で25校（後に50校）、州の生徒の2％以下という上限が課されて導入された。認可団体である州教育庁は、設置を許可し個別に認可（チャーター）を出したチャータースクールに対し、規定された生徒1人当たり平均教育費の総額を支出する代わりに、最もアカデミックな公立学校であることを要求し、5年おきに以下の三つの項目を中心とした審査を行うことで学校の存続を決定していくこととなった。「①教育目標は達成しているか？　②学校は組織として存続可能か？　③学校は認可条件（チャーター）の各項目を遵守しているか？」（Mass Dept. of Education, 1997.）

そして、公表される学校ごとの州統一テスト（ＭＣＡＳ）の結果が、「客観的な評価基準」として大きな意味を持つことになった。従来の公立学校とチャータースクールのテスト「結果」は一覧表として新聞やネット上で公開された。都市部の貧困地域に住む保護者たちは、地域の公立学校よりも、学力テストの結果が高いとされるチャータースクールを選択するようになる。いわば、チャータースクールは一つの「貧困ビジネス」としての拡大していくことになったのだ。

民間企業のチャータースクール参加について言えば、ボストン市で、改革を推し進めてきた財界による非営利団体、ホーレースマン財団が、民間教育産業であるエジソン社と提携して最初に開校したのが、ボストン・ルネサンス・パブリック・チャータースクールであり、後に経営破たんするエジソン社が全米展開していく最初の１校だった。チャータースクール運営への企業の参加についていえば、１９９９年の時点で企業の参入を禁止していたのは35州中７州のみだった。マサチューセッツ州など20州では、企業とは別に非営利の理事会が存在しさえすれば、運営全般を企業に委託することが可能となっていた。

エジソン社は、「安いコストでよりよい教育」をめざし１９９１年に設立された企業である。当初私立学校経営をめざしていたが資金繰りでつまずいたために、カリキュラム、学校経営計画を提供する会社に方針転換したのであった。その最初のチャータースクールである、ボストン・ルネサンスは、プレキンダー（PK、4歳児）から8年生（中2）までを対象とした小中一貫校で、一敷地に立つチャータースクールとしては当時全米最大規模の学校であった。市南部の最下層地域の有色人種系児童・生徒（80％が黒人、15％がヒスパニック）を豪華な校舎にスクールバスで集め、マニュアル化されたカリキュラムときびしい規律によって一斉テストで高得点をとることをめざした学校であった。これは、貧困地域に住みながら、子どもに高い教育や階層的上昇を望む親たちにとっては、まさに夢のような話であった。２００１年度、生徒数１２５４名に対して待機児１０１８名という超人気校となった。しかし「公立」校であるために生徒はくじで選ばれることになる。そして障がいを持った生徒に対して条件整備が不十分でトラブルが多く、97年にはある5歳児の処遇について、連邦教育局市民権局から障がいを持った生徒への権利侵害と認定される事件が起きている。

マサチューセッツ州のチャータースクールのほとんどが、公教育に問題が多いとされる貧困地域の子どもを対象に設置された。当時、ボストン近郊の親たちの間ではこんな言葉が交わされていた。もしも地元の公立学校に子どもを行かせたくなかったら、裕福な家庭はもちろん私立学校を選ぶ。その下の中流家庭はホームスクーリング（家庭で母親が、購入した市販の教材で子どもに教える）を選ぶ。なぜなら専業主婦の母親が、家庭で子どもの面倒を見られるから。そして貧乏な共働き家庭がチャータースクールを選ぶ、と。また、ドラッグや銃によって安全すら保証されない貧困地域の公立学校に行かねばならない家族の親は、比較的安全なチャータースクールを選ぶ、と。

エジソン社は、戦略である「高いテスト結果ときびしい規律」を謳い文句に、そのような貧困地域の子どもたちをターゲットに全米展開し、２００２年度には全米22州に１３３校、７万５千人の児童生徒を擁する最大のチャータースクール運営企業となった。しかし、２００２年に不正な経理処理などが問題視されるようになり、証券会社による格付けが下がったため株価が急落し、２００３年には上場を撤退し個人企業に転換することとなった。多くの全米のエジソン社チャータースクールは、運営母体の変更を余儀なくされた。現在「K～12」という民間企業チャータースクールが、エジソン社の運営母体を継承している。

エジソン社の失敗の理由について、アメリカの教育情報誌は「①公立学校を営利目的で運営することに対して、教員組合や公立学校の支持者たちから予想以上の反対を受けたこと、②経営する学校数を急速に増やすことによる『規模の経済』を達成するという目標でつまずいたこと、③営利経営により成績を向上させるという看板目標の達成について執拗に疑問が投げかけられたこと」（国際投資貿易研究所、２００５）をあげている。特に③については、民間企業チャータースクールの公表するテスト成績が疑わしいという結果が、複数の調査によって指摘されている（Horn, Miron, 2000 など）。たとえばアメリカ教員連盟による調査は、チャータースクールにおいて、特に成績向上は見られないといった結果を公表している。

図表2　チャータースクール校数の推移

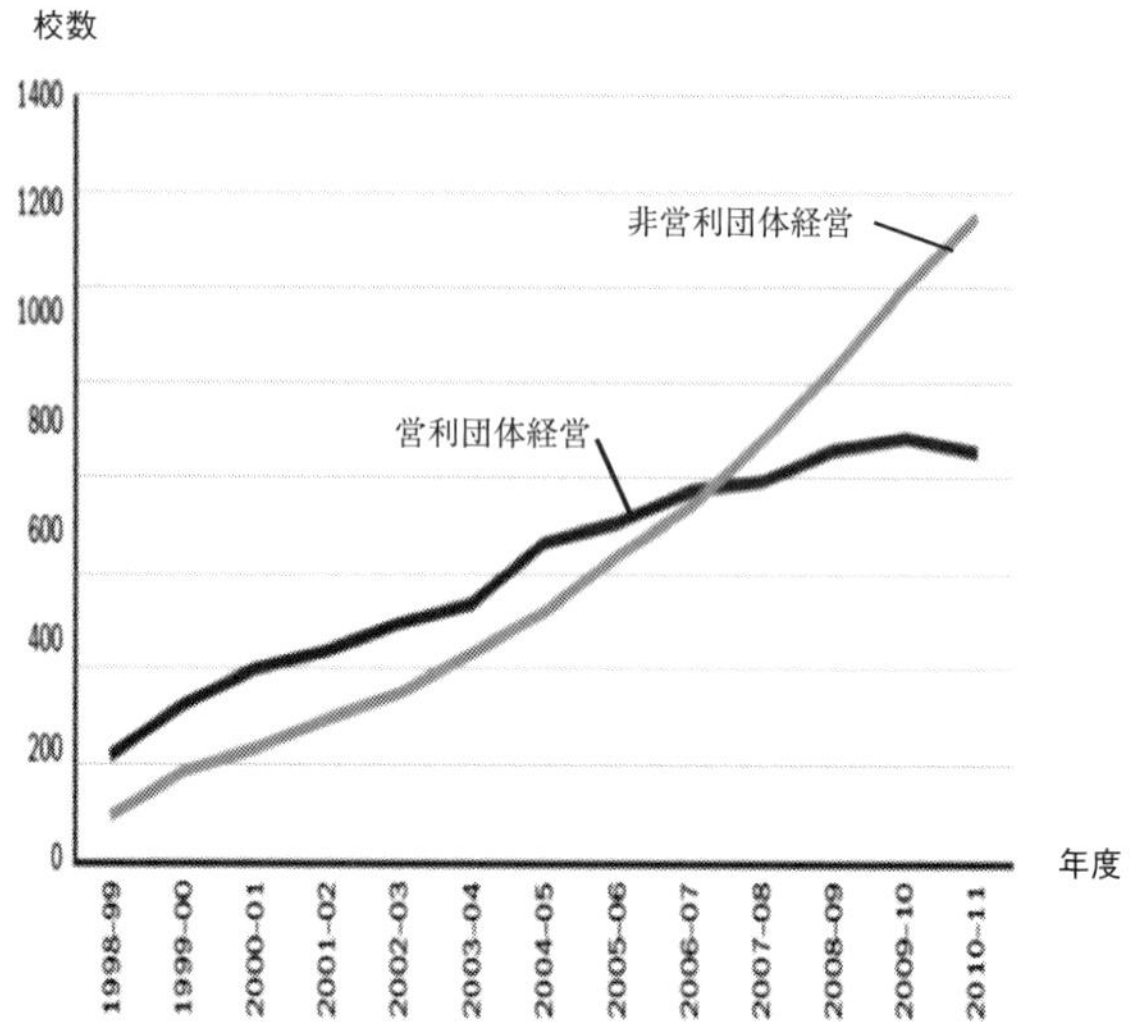

注）非営利団体は2～3校を経営する場合が多い。これ以外に自主運営（free-standing）のチャータースクールがある。
出所）*Profiles of For-Profit and Nonprofit Education Management Organizations Thirteen Annual Report: 2010-2011.*

しかし、エジソン社が去っても、アメリカの公教育はチャータースクール経営企業にとって大きな市場であり、そのシェアは拡大している。他方で、大規模な非営利団体によって経営されるチャータースクールも増加している。

図表2は、企業が運営するチャータースクールと非営利団体が運営するチャータースクールの数の増加の状況を比較したものである。もともと、親や地域のグループなどによる「自主運営」の団体が経営母体となっていたチャータースクール業界の中に急激に企業および非営利団体が進出し始めた。90年代後半から、両者の数は増え続けていく。２００６―07年度に非営利団体の運営するチャータースクー

ルに、営利団体は逆転されるが、その後も上昇率は鈍るものの学校数は増加し続けている。

２００７—08年度と２０１０—11年度を比較すると、「自主運営」の小規模なチャータースクールの割合は79％から68％に減少しているが、営利企業の経営するチャータースクールの割合は10％から12％に増加し、また非営利団体の経営するチャータースクールは12％から20％に増加している。

団体数と生徒数の変化を見ると、１９９９年から２０１１年の間で、営利団体の数は33から99に、生徒数は７万７４３人から39万４０９６人に増加している。他方で、非営利団体の数は、46から１９７に、生徒数は２万１３３人から38万４０６７人に増加している。両者とも拡大しているのだが、エジソン社のような極端な営利追求型の営利団体に比較して、近年では制度的に非営利団体であることへのシフトが高まっていることが推測される。ただし、非営利団体は、特定の民間企業を〝パートナー〟としており、実際には両者にあまりかわりない、といった指摘もされている。

7　教員組合の分断と大統廃合

「強い」チャーター法を持つ州として常に上位に位置するミシガン州では、約80％のチャータースクールが民間企業に経営され、その比率が突出して高い州となっている。１校以上のチャータースクールを運営している企業がミシガン州内に33社あり、第2位のアリゾナ州（27校）第3位のフロリダ州（16校）を大きく上回っている。**図表1**に見るように2014年のチャーター校数は297校であるが、200校を大きく上回る民間企業立チャータースクールが存在する。

このような動向の背景には、自動車産業など製造業を中心にかつて強力な民主党系の労働組合があり、公立学校の教員組合も全米で最も強力だったミシガン州において、1990年に州知事に就任した共和党のJ・エングラーが、対抗勢力となる教員組合の分断化のために企業チャータースクールを積極的に導入してきた政策がみられる（Boyd, 2000）。

ミシガン州の主たる教員組合には、MEA（Michigan Education Association）とMFT（Michigan Federation of Teachers）であり、1960～80年代には団体交渉の法制化と多くのストライキにより、構成員の給与や福利を改善させ強力な圧力団体となっていた。それに対して州議会議員時代から、財産税減税と教員組合勢力を抑えることを二つの政策として掲げてきたエングラー知事は、教員組合を教育改革の「障害物」とみなし次々と政策を繰り出していった。

まず、1994年にミシガン州によって採択された「プロポーザルA」によって、すべての公立学校のある学区と個別のチャータースクールに対して、州当局から直接入学者数に応じた平均教育費の総額が支出されることになった。それまでは、市など学区ごとの財産税が公立学校の教育費として計上されていた。しかし大都市部の産業の衰退により、次第に財政的に困難な学区が出現し学区間の格差が生じていた。それを、州レベルの消費税や所得税、事業税などを財源に、一律に州のコントロール下に置くように改正したのだ。

大都市であるデトロイト市などは、当時は３００校以上あったすべての公立学校の生徒数に応じた教育費の総額が、一つの学区である教育委員会に支出されるようになったのに対し、運営母体が民間のチャータースクールは１校でも「学区」として扱われ、その入学者数に応じた教育費が直接州から各学校に支払われることになった。

「プロポーザルＡ」による改革は以下のような影響をもたらした。まず第一に、教育費の基礎を学区単位から州の統制による生徒数単位へと変更させた。この新しい財政制度のもとで、学区が教育費を増やす唯一の方法は生徒数を増やすことになった。そして州からもたらされる生徒１人当たりの教育費は、財産税の支出とは違って学区間で移動が可能なため、学区を越えた生徒の移動すなわち、「学区間学校選択」に道を開いたのだ。生徒数の減少はただちに学区の教育費の削減を招くことになり、多くの生徒が他学区やチャータースクールに流出したデトロイト市では、公立学校の予算が削減され続けて、後の大統廃合を招くことになった。チャータースクールは公立学校から生徒を奪い、廃校に追い込む役割を果たした。

第二に、「プロポーザルＡ」によって、学区が教育費を自由裁量として使える権限が削られ、予算の増加は州議会の権限にゆだねられた。その結果、これまで学区レベルで組合と教育委員会が団体交渉で決定していた予算の増額ができなくなった。組合が学区の教育政策に及ぼす影響力は大きくそがれることになった。

　なぜチャータースクールの導入が教員組合の分断につながるのか。アメリカの場合、通常はすべての公立学校について、職能団体である学区の教員組合と教育委員会との団体交渉を通して毎年、契約書を結ぶことによって、給与や労働条件を決定される。しかしながら、多くの州において、チャータースクールは公立校でありながら規制緩和された学校であるため、組合との契約の規制を受けないのである。当然、労働組合が存在しない学校が生まれることになる。**図表1**に見るように、マサチューセッツ州やイリノイ州などは、チャータースクールの教員組合率は0％となっている。それが、団体交渉などの余分なコストをいっさい使わず、教員資格のない若い教員を安い給与で長時間働かせることができるなど経営上の「うまみ」につながっている。カンザス州など、州のチャータースクール法によってチャータースクールが100％教員組合と契約を結んでいる場合もあるが、契約率が0％やそれに近い多くの州では、チャータースクールは実質的には公教育制度における教員組合勢力の分断という機能を果たしているといえよう。

　日本で、国家戦略特区法の改正によって公設民営学校の設置が可能になり、さらに将来的にTPP締結によってアメリカの非営利団体が進出する条件が整えられたらどのような事態が起きるのか。大阪市は、階層的には貧困地域を擁し、「貧困ビジネス」としての公設民営学校にはなじみやすい条件があると思われる。他方、教職員組合勢力も相対的に強力で、その分断を図るためにも公設民営学校が利用されることが考えられる。

さらに、大阪府および大阪市は、２０１５年4月に相次いで、来年度から全国学力テストの個別結果を高校入試の内申点に反映させることを公表した。それによって学校間の競争は激化していく中で、対外的に全国学テでの高得点を宣伝して、生徒を集めることが一般的になれば、そのようなノウハウに長けた公設民営学校が公立学校から生徒を奪っていくことが予想される。

しかし、大阪では伝統的に学校とコミュニティが強い連帯を形成してきた地域が多い。また地域や民間の団体が、貧困を背景にしたさまざまな問題を抱えた子どもたちのケアや不登校支援を行うような関係が成立してきた。教職員組合に加わる教師が、その様な活動の中心的な役割を果たしてきたケースも多い。大阪府、大阪市の教職員組合自体も子どもを中心にすえた保護者、地域との連携を長く活動計画に掲げている。

公設民営学校において、国際バカロレア取得に成功しさえすれば勝ち組になれる、といった考え方がある一方で、子どもの十全な成長・発達のために学校を中心とした地域を守っていこうとする運動も存在する大阪において、今後、新自由主義教育改革への対抗軸が明確になっていく可能性があると思われる。

引用文献

Legg-Mason, *Equity Research, Industry Analysis, Chartering a Course Toward Profits:Growth Opportunities in the Charter School Industry*, 1999.

V. Fuller, *Inside Charter School*, Harvard University Press, 2000.

Mass Dept. of Education, *The Massachusetts Charter School Initiative: Evaluation and Accountability Policy*, 1997.

Jery Horn, Gary Miron, *An Evaluation of Michigan Charter School Initiative : Performance, Accountability, and Impact*, The Evaluation Center Western Michigan University, 2000.

V. Kasturi Rangen, Marrie Bell, Kathrine K.Merscth, 'Charter School : Setting The Course,' Harvard Business School, The President and fellows of Harvard College, November 1996.

William Lowe Boyd, David N. Plank, Gary Sykes, 'Teacher Union in Hard Times,' Tom Loveless ed. , *Conflicting Missions?*, Brooking Institution Press, 2000.

国際貿易投資研究所監修『さまよえるアメリカの教育改革』２００５年。

第6章　小中一貫校とは何か

1　教育再生実行会議第5次提言、6・3制を見直す「学制改革」へ

２０１４年7月3日、第2次安倍政権における「教育再生」の本丸ともいえる、学制改革をめざす教育再生実行会議第5次提言「今後の学制等の在り方について」が公表された。学制改革、すなわち6・3・3制の学校制度の改革は、そのまま「戦後改革の見直し」につながり、社会的なアピール度も高い。また、いじめや「荒れ」、不登校など、子どもの問題行動に対して特効薬といえる施策が見えにくい中、「中1ギャップの解消」といった提起が、あたかもすべての難問を解決するかのように宣伝された。

２０１４年12月22日、それを受けた中教審答申「子供の発達や学習者の意欲・能力等に応じた柔軟かつ効果的な教育システムの構築について」によって、小中一貫教育学校（仮称）の法制化が提起された。これは、自民党の教育再生実行本部が２０１２年末、改革項目の筆頭にあげた「平成の学制大改革」の突破口であり、初等教育段階からの学校制度複線化がめざされる。

答申では、施設一体型の「小中一貫教育学校（仮称）」以外に、分離型の「小中一貫型小学校・中学校（仮称）」が提起された。その要件は、9年間の一貫した教育目標設定と教育課程の編成・実施と低目のハードルが設定され、分離型の導入でお茶を濁す自治体も多いことが予想される。

さらに2015年3月の閣議決定では同制度は「義務教育学校」という名称にされた。提言同様に、施設一体型と分離型が認められたものの、9年間の一貫した課程は6年間の前期課程と3年間の後期課程に分けて制度化された。これは「義務教育学校」が小・中の学習指導要領に対応した制度であり、また既存の中学校や中高一貫校との接続を考慮したためであると説明される。また、就学指定と教育課程の弾力化については法制化の時点では盛り込まれず、今後の政省令によって行うことが明記された。新制度導入のハードルはいっそう下げられたといえよう。そして、2015年6月に、学校教育法が改正され、〝義務教育学校〟が新たな学校制度として第1条に盛り込まれた。

総じて、小中一貫教育の教育的効果については具体的には検証されておらず、推進側から要望のあった義務教育学校一貫の指導要領は新設されず、小・中教員免許制度の変更についても現時点では極端な変更は明らかにされていない。しかしながら、現在、すでに開校している小中一貫校の実態からみて、法制化の影響は大きいと思われる。

誰にでも平等な教育サービスを提供するはずの普通の小学校、中学校以外に、初等教育段階から別の制度が設けられることになれば、公教育の本格的な序列化、複線化につながる。新しい小中一貫教育校に手厚く条件整備をし、姑息な「学テ対策」を行うことによって、手軽に人気校が創設できる。

今回提起された義務教育学校の制度化は、かつて2011年11月から2012年6月まで行われた中央教育審議会の初等中等教育分科会・学校段階間の連携・接続等に関する作業部会（主査、小川正人放送大学教授）においては、「義務教育学校（仮称）」の創設として委員の意見が完全に分かれた論点であった。

すなわち私立学校やPTA関係の委員たちが、小学校から特別なエリート校が創設されることを懸念するなどの理由から法制化に慎重な意見であったのに対し、小中一貫校をすでに設置している自治体の首長や教育長らが推進意見を出して対立したのだった。

結局、2012年7月に公表された最終報告「小中連携・一貫教育に関する主な意見等の整理」において、「義務教育学校（仮称）」については、両論が併記され、制度化には「慎重であるべき」と見送られた。その際、賛成派は「義務教育を一体的に捉え9年間で児童生徒の学力向上を図っていく観点から……きわめて自然な発想」と、特に根拠を示さず、むしろ今後の具体的な制度改革の方向性を論じていた。それに対し、慎重派の理由としては、①9年間同一の集団で学ぶことにより、再チャレンジの機会がなくなる、②実質的、統廃合によって学びの場が失われる、③中1ギャップの解消、学力向上、コミュニティの育成、小規模校の活性化などが、義務教育学校の創設で解決できるとは思えない、④事実上、小学校からの学校制度の複線化となるが、それがどのような効果をもたらすのか不明であり、中高一貫校のように〝エリート校〟化する懸念があるのではないか、といった多義にわたる具体的な問題点があげられた。

それから2年以上を経て政府が今回の法制化に踏み切ったことの背景には、2012年末に自民党安倍政権が発足して以降〝平成の学制大改革〟が最重要課題として掲げられ、急ピッチで各パーツの制度化が進められていることがあげられる。また、教育委員会制度の首長権限の強化、文科省による統廃合「手引き」作成など、小中一貫校法制化を支えるための条件整備が整ったことがあげられると思われる。財務省がコスト削減という目的を強く提唱する学校統廃合の方途として、小中一貫校制度が極めて有効であることはいうまでもない。

答申では、具体的な教育的効果やカリキュラムの有効性についてはくわしくは触れられていない。また、そのような点については現段階で十分な検証は行われていない。学年区分についても、義務教育段階を、「4・3・2や5・4のように弾力的に設定するなど柔軟かつ効果的な教育を行うことができるようにする」としている。最初の自治体である広島県呉市が開発して一貫教育導入の根拠とし、実際に小中一貫校の約7割が導入している「4・3・2制」については、選択肢の一つにされたに過ぎない。本来であれば、子どもの成長・発達に有効性もつ「4・3・2制」などの小中一貫カリキュラムを根拠として一貫校を制度化する、といった論証が必要と思われるが、そのような手続きは踏まれていない。

他方で、国や都道府県に対する支援の充実の必要性については、国に対しては「教職員定数措置、施設整備での補助」などの優遇措置、都道府県に対しては「優れた取り組み事例の積極的な紹介」、指導助言などを求めることが盛り込まれている。

さらに、一貫校制度化に伴い、小・中や中・高など複数学校種に対応した新たな教員免許を取得できる教員免許制度の検討が進められている。一貫校の法制化が進めば、特に小・中免許を中心とした教員免許法の大規模な改正につながることになり、教員養成を行う大学などへの大きな影響が懸念される。

2　複線型学校制度とは何か

いうまでもなく、6・3・3制学校体系は、教育の平等、機会均等の原則を実現する単線型学校体系の一つの形である。6・3・3制は、戦前日本における早期から分岐する複線型学校体系への反省に基づいて、1947年に学校教育法により成立したものである。
図表1は、高等教育機関まで含めた義務制度整備がほぼ完了したとされる1919年（大正8年）の学校体系の図式である。小学校4年までの義務教育修了後、中学校—高等学校—大学へと進む少数派のエリートコース以外、中等学校を経て専門学校へ進むコース、高等小学校を経てから師範学校などへ進むコース、直接、実業学校などに進むコースと大きく4つに分岐し、はっきりと階層に応じた序列的な学校体系をとっていた。その多くが「袋小路的」（天城勲、

図表1　戦前日本の複線型学校体系（1919年～）

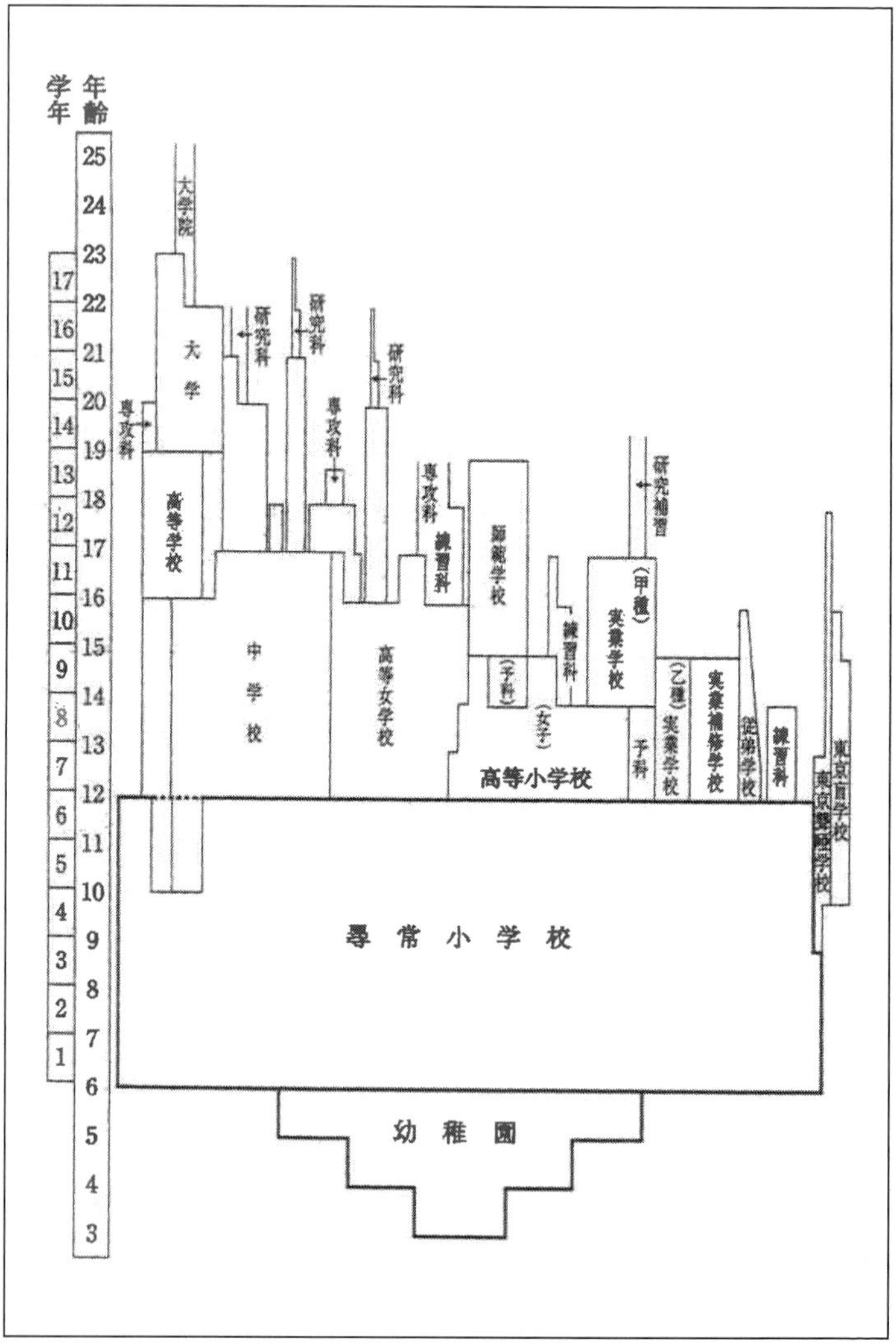

1954）に位置づけられ、国民に十分にその能力に応じた教育を受ける機会を与えてこなかった。

それに対して、すでに戦前の1930年代、教育審議会などから、小学校の上に新しい中学校を設け義務化していく制度改革論は提起されていた。よって、戦後の改革もたんなるアメリカの学校制度の移入ではなく、それを育む土壌は国内に準備されていたといえよう。

図表2は、1947年に学校教育法により法制化された単線型学校体系であり、義務教育は小学校6年、新制中学校3年の9年間に延長された。当初は高校制度も占領軍の指導では小学区制がめざされ、誰にでも平等な教育機会が提供される学校制度が実現した。

しかし、戦後改革における日本側の中学校のイメージは、「小学校教育の延長、高等小学校の発展系」であったのに対し、占領軍側のイメージは「中高を通じたハイスクールの前半部として高等学校に接続する制度」であり、職業準備的な性格を持つものであった（三羽、1999）。両者のギャップは、その後の中学校の独自の性格規定の不明瞭さにつながるものとなったと指摘される。すなわち、高度経済成長期に高校進学率が飛躍的に上昇し、さらに高校が選別的・序列的に再編されるにつれ、中学校は思春期という固有の発達段階に応じた学校というよりも、受験準備に特化した性格を色濃くしていくのである。

今回の第5次提言では、小中一貫校の制度化以外に、幼児教育の漸次的無償化・5歳児からの義務教育化の検討、高校以降の職業教育、大学への飛び入学・編入学といった学制改革全般にわ

図表２　戦後の単線型学校体系（1947年学校教育法）

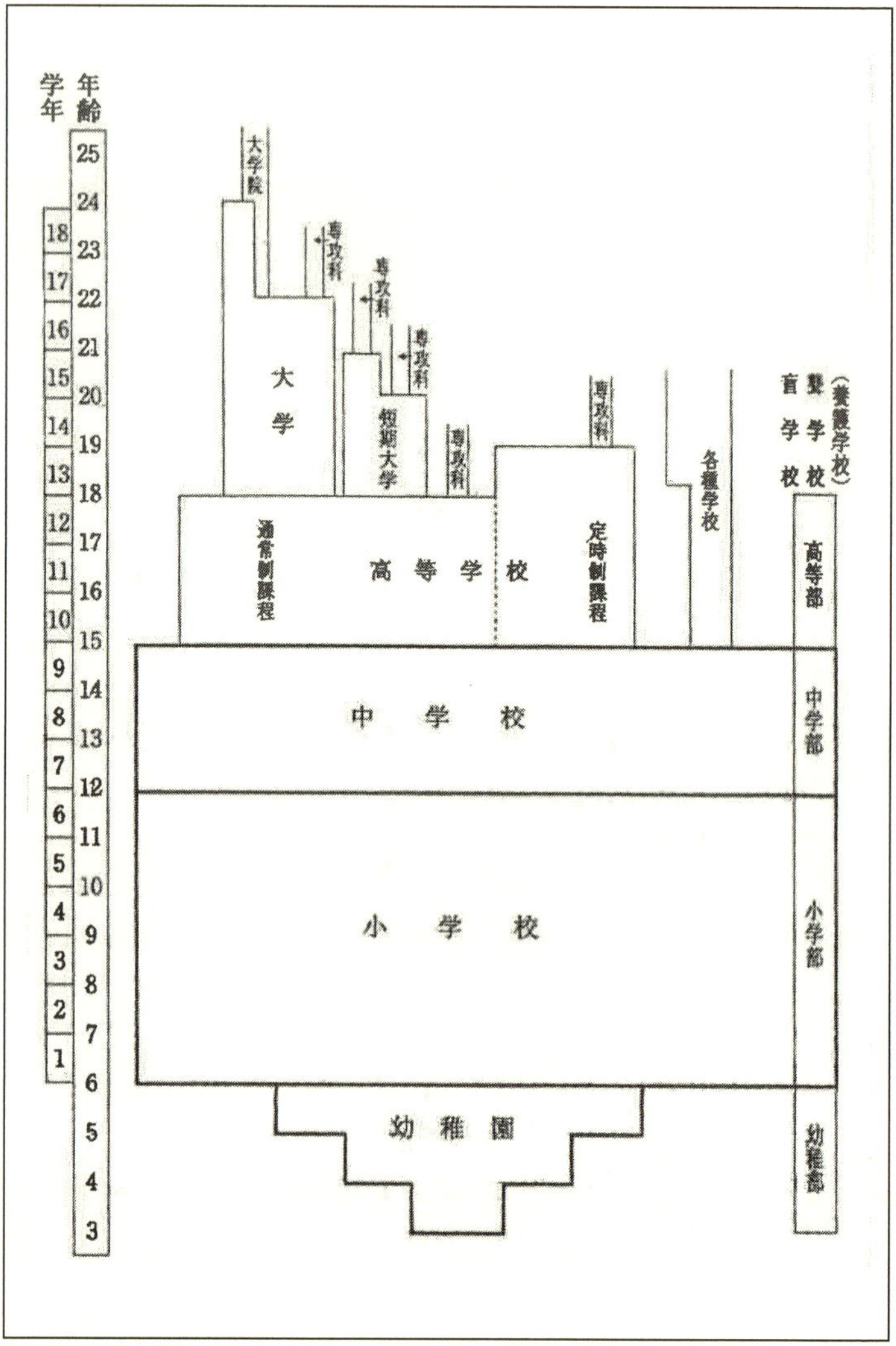

たる内容が盛り込まれている。特に、5歳児義務教育化の検討、および小中一貫校の制度化は、ダイレクトに6・3・3制の見直しにつながるものである。そのうち、前者については、学力テスト体制が先行している英米において、学力テストの準備段階として小学校入学以前の幼児期からの準備教育が広く行われるようになっている。幼児教育の無償化についてはすみやかに実現するべきであるが、学力テスト体制を幼児教育段階にまで延長することについては、すでにイギリスでも子どもの発達段階から問題があることが指摘されている。さらに、テスト準備とともに文科省の教育内容に対する統制範囲が幼児期にまで拡大されることが懸念される。

それ以外にも、提言では、国は「5・4・3」「5・3・4」「4・4・4」などの小中高12年間を通じた新たな学校体系の区切りのあり方について検討を行うとしている。この、高校を4年間に延長する議論は再生会議でしばしば取り上げられ、中でも「4・4・4」制は、2012年に、東京で猪瀬都知事のもと試行的に提起された制度が再生会議で取り上げられたものでもある。既存の公立中高一貫校を8年に拡大して、4年制にした小学校と接続させたものである。小学校から理数科教育などの「特色」を持つ学校とされ、グローバル人材養成がめざされた。

さらに、提言では中学校卒業後以降の「実践的な職業教育を行う高等教育機関（5年制）」の具体的な提起が行われた点が特徴的である。すなわち「高等学校段階から5年間かけて行われる職業教育の効果は高い」ことから、中学校卒業後以降の「実践的な職業教育を行う高等教育機関（5年制）」の具体的な提起が行われたのだ。この提起は、自民党の教育再生実行本部・学制大改革部会が、5月の第2次提言で「専門学校等を活用した5年一貫職業教育（具体的には、高等専門学校200校）の検討」の提起を受けた制度である。すなわち、グローバリズムが求める「人材」として、「9年小中一貫校＋5年一貫の職業準備校」という低所得労働者向けの安上がりな職業準備コースが準備されつつある。

リーマンショック以降の就職不安が低所得層を含む層の4年制大学進学率を急激に押し上げ、東京では7割近くが大学に進学してしまう状況が生まれている。これは、高校多様化によって安上がりな労働力形成をめざす財界には無駄遣いにしか見えないであろうと思われる。「高校達成度テスト」の導入も、四大進学率を下げる結果につながると思われるが、別の学校体系を準備する方が本質的な解決につながる。

いずれにせよ、学制改革を行うことが教育の質を改善するという、検証されているわけではない前提に立って、戦後改革期に成立した単線型学校体系を崩す手探りの教育改革が始動しだしたことは日本の教育制度にとって大きな転回点といえよう。このような学制改革における一つの突破口としての小中一貫校制度に着目してみたい。

3　小中一貫教育・小中一貫校はどのように拡大してきたのか

文科省は、2014年に行った全国調査において、小中連携教育および小中一貫教育を次のように定義している。すなわち、小中連携教育は「小・中学校がお互いに情報交換や交流を行うことを通じて、小学校教育から中学校教育への円滑な接続を目指す様々な教育」、小中一貫教育は「小中連携教育のうち、小・中学校が目指す子供像を共有し、９年間を通じた教育課程を編成し系統的な教育を目指す教育」であるとする。この定義によると、何らかの「系統的な９年間を通じた教育課程」を備えていれば小中一貫教育校とカウントされることになり、小中一貫教育を実施中なのは２２１市町村、実施予定又は検討中が１６６市町村であり、小中一貫教育の取り組み件数は１１３０件（小学校２２８４校、中学校１１４０校）となる。

実際の学校数の内訳は、施設一体型小中一貫校は１４８校、施設隣接型59校、施設分離型は８８２校であり、いわゆる「施設一体型校舎」は全体の13％に過ぎない。圧倒的に多いのは「いわゆる施設分離型校舎」の78％となっている。「いわゆる施設一体型校舎」とは、具体的には「小学校と中学校の校舎の全部又は一部が一体的に設置されている校舎」と定義される。そのうち、一人の校長が小・中学校を兼務しているケースが76％（１１２校）、学校ごとに校長が置かれているが責任者の校長が決まっている学校が９％（６％）、学校ごとに校長がいて適宜連携を図っている学校が18％（27校）となっている。

文科省の定義では、小中一貫教育と小中連携教育の区分は「９年間を通じた教育課程の編成」の存在のみであり、やや不明瞭ともいえる。また、小中一貫教育校の定義について施設が一体であることに焦点づけた区分をしていないため、実態が見えにくくなっている。

施設分離型の小中一貫校の場合、普通の小学校、中学校と実態がさほど違わないケースは多い。たとえば、小中一貫教育を全市導入すると公表し、形式的には9年間一貫した教育課程を準備しながらも、実際には分離型が主で、年に1回、あるいは数回の小中の交流を行う程度で小中一貫教育が形骸化している自治体もある。本書では、制度としての小中一貫校を検討するために、同一敷地に校舎が建設され、9年間を見通した教育課程を備えている施設一体型小中一貫校を「小中一貫校」として限定して考察していきたい。なお、2013年に行われた朝日新聞調査（朝日新聞社による各都道府県教育委員会と施設一体型校の校長を対象にしたアンケート調査）は、小中一貫校にこの定義を用いている。

図表3は、この朝日新聞調査による全国の施設一体型小中一貫校、100校の一覧表である。小中一貫校の特徴として第一にあげられるのは、過疎地の小規模校と比較的都市部に多い大規模校に二つのタイプに明確に分けられることである。すなわち、児童・生徒数を見ると、1000人規模に近いような大規模校と、270人以下（各学年30人以下平均、ほぼ単学級構成の学校）の小規模校に二分され、後者が53校と過半数を占める。約千人規模の大規模校は全国で13校であり、小中一貫校は、その多くが過疎地で小学校と中学校を同一校舎に統合した学校であることがわかる。中には、児童・生徒数が少なく廃校対象となり、地域に学校を存続させるために、小学校同士、中学校同士の統廃合ではなく、小学校と中学校を統合する選択を行った自治体も複数含まれている。

図表3　全国の小中一貫校一覧（2013年度）

地方	都道府県	学校名	児童・生徒数
東北 6	青森県	むつ市立川内小学校・川内中学校	263
		三戸町立三戸小学校・斗川小学校・三戸中学校	712
		東通村立東通小学校・東通中学校	499
	宮城県	登米市立豊里小学校・豊里中学校	533
	福島県	郡山市立湖南小・中学校	198
		檜枝岐村立檜枝岐小・中学校	57
関東 23	茨城県	水戸市立国田小中学校	275
		つくば市立春日小学校・春日中学校	900
	千葉県	鴨川市立長狭学園	306
		市原市立加茂学園	不明
	神奈川県	横浜市立霧が丘小中学校	1000
	東京都 18	港区立小中一貫教育校お台場学園港陽小・中学校	380
		葛飾区立新小岩学園	701
		葛飾区立高砂けやき学園	710
		品川区立小中一貫校日野学園	966
		品川区立小中一貫校伊藤学園	1126
		品川区立小中一貫校八潮学園	709
		品川区立小中一貫校荏原平塚学園	470
		品川区立小中一貫校品川学園	830
		品川区立小中一貫校豊葉の杜学園	1400
		渋谷区立渋谷本町学園	520
		練馬区立小中一貫教育校大泉桜学園	600
		足立区立新田学園	540
		八王子市立みなみ野小中学校	570
		八王子市立加住小中学校	340
		八王子市立館小中学校	400
		八王子市立いずみの森小中学校	800
		町田市立小中一貫ゆくのき学園	200
		武蔵村山市立小中一貫校村山学園	650
甲信越 2	新潟県	三条市立一ノ木戸小学校、三条市立第二中学校	1005
	長野県	信濃町立信濃小中学校	621
東海 4	静岡県	浜松市立引佐北部小中学校（引佐北部小学校・引佐北部中）	111
	岐阜県	白川村立白川小学校・白川村立白川中学校	167
	愛知県	飛島村立小中一貫教育校飛島学園（飛島小学校・飛島中学校）	380
		名古屋市立笹島小、中学校	206

地方	都道府県	学校名	児童・生徒数
北陸	石川県	珠洲市立宝立小中学校	102
近畿 15	滋賀県	高島市立高島学園（高島小・中学校）	570
	奈良県	奈良市立田原小中学校	100
		奈良市立富雄第三小中学校	658
		御所市立葛小中学校	126
	大阪府 5	箕面市立とどろみの森学園	125
		箕面市立彩都の丘学園	505
		大阪市立やたなか小中一貫校（矢田南中学校・矢田小学校）	316
		堺市立さつき野学園	370
		堺市立大泉学園	298
	京都府 6	宇治市立宇治黄檗学園	1155
		福知山市立夜久野学園	204
		京都市立花背小・中学校	29
		京都市立京都大原学院（大原小・中学校）	85
		京都市立東山開睛館（開睛小・中学校）	800
		京都市立凌風学園（凌風小・中学校）	820
山陰 3	鳥取県	鳥取市立湖南学園小学校・湖南学園中学校	146
		若桜町立若桜学園小学校・若桜学園中学校	171
	島根県	八束町立八束学園	320
山陽 9	広島県 9	呉市立呉中央小学校・呉中央中学校	730
		呉市立警固屋小学校・警固屋中学校	208
		呉市立広南小・中学校	189
		呉市立倉橋小学校・倉橋中学校	188
		大竹市立小方小学校・小方中学校	587
		廿日市市立宮島学園（宮島小学校・宮島中学校）	94
		廿日市市立まなびの森吉和学園（吉和小学校，吉和中学校）	40
		府中市立府中学園（府中小学校・府中中学校）	1059
		府中市立府中明郷学園（府中明郷小学校・府中明郷中学校）	342
四国 4	香川県	高松市立高松第一学園（高松第一小学校・高松市立高松第一中学校）	1100
	愛媛県	四国中央市立新宮小中学校	48
	高知県	土佐町立土佐町小・中学校	140
		梼原町立梼原学園（梼原小・中学校）	不明

地方	都道府県	学校名	児童・生徒数
九州 33	福岡県	宗像市立大島小学校・中学校	46
		東峰村立東峰学園（東峰小学校、東峰中学校）	150
		八女市立上陽北汭（ぜい）学園（上陽北汭学園小学校、上陽北汭学園中学校）	230
		飯塚市立小中一貫校潁田校	
	佐賀県	佐賀市立小中一貫校芙蓉校	170
		佐賀市立小中一貫校北山校	53
		唐津市立七山小中学校	190
		多久市立中央小学校・多久市立中央中学校	1007
		多久市立東部小学校・多久市立東部中学校	369
		多久市立西渓小学校・多久市立西渓中学校	328
	長崎県	五島市立奈留小・中学校	98
		小値賀町立小値賀小・中学校	150
	大分県	豊後高田市立都甲小・中一貫校戴星学園	不明
		日田市立大明小学校・大明中学校	157
	宮崎県	日向市立平岩小学校・岩脇中学校	250
		日南市立北郷小学校・北郷中学校	310
		都城市立笛水小学校・笛水中学校	21
		日南市立鵜戸小学校・鵜戸中学校	52
		日向市立東郷小学校・東郷中学校	192
		美郷町立南郷学園	132
		新富町立新田小学校・新田中学校	362
		西都市立銀上小学校・銀鏡中学校	不明
		西都市立三財小学校・三財中学校	248
		西都市立三納小学校・三納中学校	161
		日南市立東郷小学校・東郷中学校	266
	鹿児島県	南さつま市立坊津学園小学校・坊津学園中学校	150
		長島町立獅子島小学校・獅子島中学校	35
		鹿屋市立花岡小学校・花岡中学校	215
	熊本県	宇城市立豊野小学校・豊野中学校	328
		産山村立産山小学校・産山中学校	117
		小国町立小国小学校・小国中学校	561
	沖縄県	名護市立緑風学園	153

注）「地方」の数字は各地方の校数。なお「児童・生徒数」の調査時期は学校によって異なる。

また、第二の特徴は、その地域的な偏在である。一貫校の地域的な分布を見ると、100校のうち32校、つまり3分の1が九州地区に集中しているのが見てとれる（**図表3**）。なかでも、宮崎県（11校）、佐賀県（6校）などが多く、現在も九州の多くの自治体で導入が検討されている。また、ついで関東、近畿、中国に多いが、関東では東京（18校）に集中し、近畿では大阪（5校）、京都（6校）に集中している。また、中国は、小中一貫教育が最初に構想された呉市のある広島県（9校）のみに集中している。

分布の特徴として、まず新自由主義教育改革が先行した自治体で小中一貫校は多く見られる。そのような改革が全国で最も先行した東京、それに続き、橋下府政、市政下で改革自治体となった大阪で、13年度の5校以外に14年度開校が4校、計画中5校と東京の後を追っている。ただし東京では、教育特区で全国の先行ケースとなった品川区に6校、八王子市で小規模校の統廃合対策の4校が開設されるなど、一部自治体に集中し、その後の急増は見られない。

これらの自治体では学校選択制も導入されている。東京では、2000年の品川区を皮切りに2006年までに23区中19区、26市中9市が選択制を導入している。それに伴い、各自治体で学校の「適正規模（12～18学級など）」や「最小規模（150～180人など）」が設定され、小規模化した学校の廃校が、全国2位の廃校数につながっている（**図表4**）。しかし2008年頃から地域の教育力の低下や伝統校の安易な廃校などを批判する声に後押しされ、選択制の見直しや廃止が行われつつある。同様に全国的に選択制はトーンダウンしていくのだが、それに代わって、

図表4　都道府県別の廃校数（2002年度～2013年度）

（校数）

都道府県	学校			合計
	小	中	高	
北海道	403	130	64	597
東京	107	69	69	245
岩手	148	55	30	233
熊本	177	44	11	232
新潟	144	24	33	201
広島	156	23	15	194
青森	147	32	9	188
福島	140	24	6	170
山形	116	39	10	165
兵庫	98	27	35	160
秋田	115	23	17	155
大分	112	24	17	153
鹿児島	68	51	19	138
宮城	85	31	21	137
神奈川	52	19	62	133
茨城	81	15	27	123
山口	55	38	26	119
和歌山	84	27	8	119
大阪	47	5	62	114
長崎	71	29	12	112
高知	91	15	5	111
愛媛	73	21	17	111
島根	86	17	6	109
栃木	71	18	17	106
三重	68	23	12	103
福岡	58	13	31	102
千葉	66	15	19	100
徳島	64	10	19	93
奈良	61	6	26	93
京都	66	19	8	93
静岡	50	18	22	90
石川	48	23	19	90
岡山	41	18	23	82
宮崎	48	14	12	74
群馬	41	17	12	70
長野	48	10	10	68
鳥取	54	2	11	67
香川	47	14	3	64
山梨	39	17	8	64
富山	46	6	12	64
佐賀	35	9	4	48
愛知	32	2	14	48
沖縄	19	20	4	43
福井	23	5	2	30
滋賀	15	3	1	19
合計	3789	1088	924	5801

出所）文科省資料。

小中一貫校による統廃合が急増してきた。

また、九州においては、政策による地域の急激な再編と小中一貫校は結びついている。**図表4**は、2002年から2013年までの全国の都道府県別廃校数総計の比較、**図表5**は、1992年から2013年までの全国廃校数の推移である。平成の大合併および東京の学校選択制導入が本格化する2002年頃から廃校は急増している。また都道府県別での第1位は突出して北海道で、過疎化、少子化が原因であるが、背景には経済的な停滞がある。第2位は学校選択制で多くの小規模校を廃校にした東京である。以下、熊本、大分、鹿児島、長崎、福岡など九州の自治体が軒並み上位を占める。しかし、最も廃校数が多い北海道には、小中一貫校は1校も開校されておらず、廃校の多い自治体と小中一貫校の導入自治体は必ずしも相関関係を持たない。このことから、小中一貫校は統廃合の方途として用いられるものの、その利用はきわめて政策的なものであることがわかる。

小中一貫校が多く開校している宮崎、佐賀は、九州の中では比較的、これまで統廃合が行われてこなかった県である。それらの県で、この間、周辺部の過疎地において統廃合による一貫校開設が続いている。また、佐賀県多久市は2012年、市内の全小中学校を統合して、すべてを3校の施設一体型小中一貫校にまとめた全国唯一の自治体である。

九州地方は、地域の大規模な再編である道州制の実現に最も近い地方とされる。地域間の「選択と集中」、すなわち一部の地域への都市機能の集中とその他の〝切捨て〟を促進させるために、学校統廃合が広く用いられている。その際に、小中一貫校による過疎地の統廃合が、他に比較して多く見られる。佐賀県多久市などかつての炭鉱町で活力のなくなった地域、またたとえば、ＴＰＰで産業的に切り捨てられる可能性のある畜産業などが多い宮崎などで、小中一貫教育による廃校政策が急ピッチで進められている。

それに対して、キヤノン本社など大企業を擁する大分県の県庁所在地である「集中」の側、すなわち「切り捨てられない」側であると思われる大分市などでは、２００９年に学校選択制を導入し、２０１４年に学テ結果全校公表を実施するなど、競争的な新自由主義改革が先行的に進められている。しかし、その中でも、市内の統廃合は積極的に行われつつある。２０１３年から、市内の小規模化した小学校３校の統合計画において、教育委員

図表5　全国の廃校発生数の推移（2002年～2013年）

（校数）

年度	小学校	中学校	高校等	合計
1992	136	42	11	189
1993	100	43	12	155
1994	160	47	8	215
1995	122	46	11	179
1996	163	43	19	225
1997	122	50	13	185
1998	153	47	17	217
1999	123	43	18	184
2000	199	51	15	265
2001	221	64	26	311
2002	228	68	45	341
2003	273	82	66	421
2004	374	117	89	577
2005	314	71	65	457
2006	249	72	106	426
2007	276	75	114	465
2008	272	87	101	460
2009	333	88	109	529
2010	368	114	77	559
2011	323	93	58	474
2012	419	117	62	598
2013	346	104	32	482

出所）文科省資料。

会が、各校区の代表委員が参加した適正配置協議会に12回の審議を続けさせながら、終盤になって、急に3校をまとめ中学校とともに施設一体型小中一貫校を開設する案を押し切らせた。それに対して、一貫校の場所が中学校区の端で他の小学校から遠く、さらに災害時の通学の安全性が保障できないことを理由に、町会代表らが反対の公開質問状を教育委員会に提出するなど紛争化している。

また、福岡市、北九州市の中間に位置し、地域の大企業労働者のベッドタウンの特徴を持つ宗像市は、当初から小中一貫教育全市導入を公表し、すでに2校、過疎地の小規模な小中一貫校を開校している。さらに2015年の義務教育学校法制化を見越して、九電工など九州地区の財界が出資し、福岡市の学校法人を設置者とした私立小中一貫校の開設（2018年度）を計画している。同校では中2までに義務教育内容の内容を終えて高校受験準備を行うとともに、「現在の義務教育では養えない人格やリーダーシップを養う」エリート校をめざすものであると思われる。

九州に典型的に見られる地域の新自由主義的再編は、大資本や多国籍企業が活用しやすいような大規模な単位に地域を再編していくものであり、旧来からの住民の生活圏としての地域はその障害物とされていく。そして、旧来の集落が小学校区を形成しているケースはきわめて多い。地域から学校を消滅させることは、住民の生活圏を破壊させるためには極めて有効なのだ。

４　小中一貫教育、小中一貫校拡大の経緯

背景

小中一貫教育が初めて提起されたのは、２０００年の広島県呉市における、文科省の研究開発学校制度による３小学校、１中学校の統合を背景にしたケースであった。当時は、１９９８年の学校教育法改正による公立中高一貫校が全国で開校されていた時期であった。

すでに90年代半ばから、財界による教育の新自由主義的再編、平等な公教育を解除して選別的に再編する意向が明らかにされていた。95年の日本経営者連盟による「新時代の『日本的経営』」は、労働者を３グループにわけ下位グループを低コスト化していく人材の選別的養成を提起し、東京などの高校多様化政策を推し進めた。97年、文部省が「教育制度の複線化構造を進める観点（教育改革プログラム）」から導入すると公言した公立中高一貫校は、学校教育法上の新しい学校制度、中等教育学校として98年に国会審議にかけられた。

その法改正の審議の際に、結成直後の民主党が国会に対案として提出したのが、すべての中学校と高等学校を公立中等教育学校に統一するという「中高一貫教育の推進に関する法律案（１４２４国会衆議院・法14号・提案者藤本修議員）」であった。同法案は、それに伴い高校入試を全廃、高校は無償化するというラディカルなものであり、当時の民主党の福祉国家路線を反映

していた。しかし、結局同法案は廃案となり、国会審議で、受験競争校にはしない、などと多くの付帯決議をつけられながら学校教育法は改正され、実際には12歳からの〝エリート校〟を創設することになった。この公立中高一貫校は、経済格差に左右されず、高校入試のない青年期を保障されるものであることから保護者の期待を集め、各地で高倍率の入学希望校が出現していくことになる。しかし、一般の中学・高校に対して別の選択肢となる制度であることから、校数には上限が想定されていた。文科省は当初、全国の主要な教育委員会の所在地に各1校、計500校程度を設置することを構想していた。

また、法制化の直後に、中高一貫校は一部に限定し、その他は9年間の義務教育を一つにまとめていくという小中一貫教育につながる構想が財界から提起されていく。99年、西武グループの堤清二が委員長を務める社会経済性本部・社会政策問題特別委員会による報告書「選択・責任・連帯の教育改革――学校の機能回復を目指して」は、9年間の義務教育と3年の高校を明確に性格分けし高校は義務教育にするべきではない、とするものだった。すなわち、小・中は「基礎教育（人間が人間らしく生きていく、市民生活の基礎を築く教育の場）」高校は「基本教育（日本社会の産業、経済、制度、科学技術、文化の基本学力を与える教育）」と別々に位置づけ、高校の人材育成的な性格を強調した。当時は、製造業からサービス、情報産業などへと産業構造の大規模な転換に応じて新しい人材が求められ、そのためには高校多様化なみならず「高校進学率は下げてもよいのでは」といった議論も東京都教育委員会では出ていた。

開始期——2000〜2005年

広島県呉市では、市の財政破綻を背景に、跡地売却・学校維持費削減などのため3小学校と1中学校を統合する必要性が生じたと推測される。異なった学校種の学校を一貫校にするための根拠として、①中1ではなく小5から、自尊感情が低下するなど発達上の段差の存在、②中学から不登校やいじめが増加することに対応した、いわゆる「中1ギャップ」の解消が根拠としてあげられた。「中1ギャップ」の解消は、その後のすべての一貫教育導入自治体において導入の根拠とされることになる。

図表6　施設一体型の小中一貫校の学年区切り

学年区切り	校数
4・3・2制	67
6・3制	28
4・2・3制	3
5・2・2制	1
4・5制	1
3・4・2制	1

出所）朝日新聞調査（2013年）。

また、主に①の理由に基づいて、小中一貫の根拠となる4・3・2制のカリキュラムが開発された。これは、9年間の子どもの発達段階を前期・中期・後期と区分して、子どもの自己有能感が下がるなど、発達上の「段差」となる5年生からを区切りとするというものであった。根拠はこの呉市のデータのみであるにもかかわらず、4・3・2制はその後、小中一貫教育のシンボル的な役割を果たし、**図表6**に見るように導入自治体の7割で導入されるなど広く用いられてきた。

その後、このアイディアに乗った品川区（2003年認可）、京都市（2004年認可）、奈良市（2004年認可）などが、内閣府の総合規制改革会議の構造改革特区を利用した小中一貫教育特区に認可され、小中一貫校は全国に拡大していくことになる。それらの自治体はいずれも学習指導要領を規制緩和して独自の小中一貫の教育課程を採用していた。品川区、京都市の場合、急務であった学校統廃合を推進する目的があった。すなわち、品川区は、学校選択制導入時に統廃合に結び付けないと教育長が言質を取られていたために、小規模化した学校を統合で整理することができなかった。京都市は、歴史的に地域と深く結びついた学校を統合するために、保護者や住民のみならず、それを支える教職員組合勢力と激しく対立する構図があった。それらの自治体は、小中一貫教育特区として認可を受けることによって、大規模な施設一体型小中一貫校を出現させ、スムーズに統廃合を進めていった。

また、それだけでなく、教育課程の規制緩和が認められた小中一貫カリキュラムでは、財界の要求する教育内容が先取りされていくことになった。2003年、日本経団連の新ビジョン「活力と魅力あふれる日本をめざして」（いわゆる奥田ビジョン）の教育関係の策定委員であった小松郁夫（国立教育政策研究所・当時）は、当時、品川区、杉並区、足立区三鷹市、京都市などの自治体の教育計画に関わっていた。品川区では、小松がイギリスのシチズンシップ教育をモデルとした「市民科」が、京都市ではモデル校で「読解科」が新教科として導入され、教育特区にはならなかったが三鷹市では「アントレプレナーシップ（起業家精神）」が教育内容として重視された。

品川区の「市民科」は、「道徳」「特別活動」を廃止し、「総合的な学習の時間」の一部と合わせた新教科であり、子どもを経済活動に親しませる内容をも含みこんでいた。しかし、マニュアル化された内容が子どもの実態から出発した課題とはかけ離れたものであり、HR活動が制限されるなど教育現場では不評なものだった。

また、同ビジョンは、「英語が話せる国民教育」といった財界の求める新しい人材育成をめざして小学校からの英語教育の必要性をも提起していた。多くの小中一貫教育特区で小学校英語が先行的に導入されたのみならず、小学校英語教育を特色とした特区も全国で認可され、2008年学習指導要領改定に伴う小学校の外国語活動の導入の先取りとなっていった。たとえば、大阪府寝屋川市は小中学校英語特区（2004年認可）として、独自の2小1中方式として、ペアになった中学校の英語教員が小学校の英語の一部を担当する方法を導入した。その際、2小1中の組み合わせから外れる2校の必ずしも小規模でない小学校が強行的に統廃合され、地域の反発を招いた。英語のみの連携型一貫教育ではあるが、同市は小中一貫教育全市導入のさきがけとなったと自称している。

この時期の審議を経て、中央教育審議会は、2005年10月26日の答申「新しい時代の義務教育を創造する」において、「義務教育に関する制度の見直し」として、以下のような提起を行っている。

義務教育を中心とする学校種間の連携・接続の在り方に大きな課題があることがかねてから指摘されている。また、義務教育に関する意識調査では、学校の楽しさや教科の好き嫌いなどについて……小学校の4―5年生段階で発達上の段差があることがうかがわれる。……たとえば、設置者の判断で9年制の義務教育学校を設置することの可能性やカリキュラム区分の弾力化など、学校種間の連携・接続を改善するための仕組みについて種種の観点に配慮しつつ十分に検討する必要がある。

しかし、審議において、呉市の提起した「5年生での段差」、数自治体だけでの試行的な取り組みを根拠に義務教育学校を提唱したのは、品川区教育長であった若月秀夫委員に限られていた。中心的課題は、当時の三位一体改革のもとで政治的争点でもあった小中学校の義務教育国庫負担制度を存続するか否かであった。国庫負担の廃止、もしくは中学校のみ廃止が自治体関係者から提起される中、中教審は同制度の維持を表明し、義務教育の一体性を強調した。そのようなピンポイントの根拠によりながらも、「義務教育制度の見直し」としての小中一貫教育、義務教育学校のこの記述は、その後の多くの自治体の小中一貫教育の導入根拠としてあげられていくことになる。

拡大期――２００６〜２００９年

翌２００６年に、品川区、京都市、奈良市などが中心となって結成した小中一貫教育全国交流協議会は、以後毎年小中一貫全国サミットを開催し、参加した全国の教育委員会関係者に統廃合の方途としての小中一貫教育を普及させていくことになった。

全国の過疎の自治体で、統廃合を伴う施設一体型小中一貫校が開校されていくのは、この時期以降である。**図表7**を見ると、２００８年から開校が毎年増加し、２０１１年以降にさらに急増していく。各地の教育委員会が小中一貫教育を計画し、統廃合を決定して開校に至るまで数年を要するため、このような時間差が現れていると思われる。また、２００８年から、教育特区制度によらなくても、文科省の教育課程特例制度を用いれば、自治体ごとに小中一貫教育の導入が可能になったことが、拡大の背景にある。

この時期に、政府レベルでは法整備も進み、２００６年には、教育基本法が改正され「9年間の普通教育を受けさせる義務」の「9年間」が削除され、それを受けた学校教育法改正では、それまでの「小学校」「中学校」の区分が「義務教育学校」に括られた。また、それまでは法文上末尾にあった「幼稚園」が筆頭になり、「義務教育学校」の「基礎」と位置づけられた。日本が改革を後追いする英米では、義務教

図表７　小中一貫校設立年

設立年度	校数
1995	1
……	―
2005	3
2006	5
2007	5
2008	9
2009	10
2010	11
2011	17
2012	20
2013	19

育段階の学力テスト体制を幼児期にまで引き下げることは積極的に行われてきていた。たとえばイギリスでは、２００３年、未就学の3、4歳が小学校の学力テスト体制の「基礎段階」（ファウンデーション・ステージ）と位置づけられている。幼・小・中の接続という観点からみて、小学校の機能を幼児期まで拡大して幼保一元化と併せ、義務教育全体の拡大・引き下げ、および文科省の管轄領域の拡大が図られてきたと思われる。

統廃合と小中一貫校との関係は、朝日新聞調査によると１００校中、「学校統廃合の中で計画」が52校であり過半数を超えている。特に地方で多く見られる回答である。

過疎地の自治体において、町づくり（町おこし）の核として小中一貫校が設置されるケースも目立つ。その中には、大阪府箕面市など、小規模校ながら企業が参入しＰＦＩ（民間に施設整備と公共サービスの提供をゆだねる手法）を用いた大規模な再開発事業として位置づけているケースもある。

それに対し、都市部では、子どもが私立中に進学し、公立中の生徒が減るのを防ぐというねらいもあげられる。公立校の中で見れば、義務教育段階であるにもかかわらず、普通の小学校から中学校へ進む、というルートとは別の学校を準備する、いわば複線型学校体系への道を開く可能性があると思われる。同調査によると１００校のうち72校が特別な名称や愛称をもつ学校であり、うち56校が「学園」という名称を用いているのも、普通の小・中学校との差異化を図る、という点で一貫校に特徴的である。

他方、統廃合ではなく、開発されたばかりのベットタウンなどの児童・生徒数の急増に対処するため、小学校と中学校を併設した学校を新設するものが一貫校とされるケースがある。この場合は統廃合とは無関係なケースもある。たとえば、関東地方で最も新しく建設された鉄道であるつくばエクスプレス（２００５年開業）沿線の流山市、柏市などで計画されている一貫校、大阪の和泉市泉北ニュータウンに予定されている一貫校などは、これから居住する新住民のためだけの新設一体校が計画化されている。その際、当初の児童生徒数が次第に減少していくことを見越して、学年のピークが移行できるように小中一貫校にするといった説明がされている。

このような小中一貫教育の拡大状況を背景に、２００８〜09年には多くの自治体が、将来的な小中一貫教育全市導入を公表した。そこには、京都市、大阪市、神戸市、横浜市、八王子市などの大規模自治体が含まれる。しかし、その後、緊急課題だった一校もしくは数校の統廃合が修了してしまった後で、年に一度、小中の交流行事を開催する程度で、計画が形骸化していく自治体もめだつようになった。

統廃合反対紛争とコミュニティスクール化――２０１０年以降

２０１０年前後から、小中一貫校は統廃合の方途であることが次第に明確になっていく中で、各地で統廃合に反対する市民運動が出現してきた。一般的な統廃合反対運動においては保護者、教師、地域住民の共同が運動のかぎとなるのだが、小中一貫校の場合もそのようなケースが多く出現した。

新潟県三条市においては、２００６年に市長に選出された総務省出身の国定勇人氏が、公立保育所の民営化など新自由主義的な改革を進める中で、07年から、３小１中を統合し児童生徒数約１５００名になる全国最大規模の小中一貫校を計画した。総務省から出向した市長がトップダウンで小中一貫教育を推進する同様なケースは、大阪府箕面市、大分県佐伯市などでも見られる。

それに対して、統廃合に反対する保護者、教職員、市民のみならず、地域の教育を守るべく、金属加工業などの地場産業経営者ら地域財界もが反対運動に参加し、全国で最大規模の紛争が数年にわたって続けられた。地域財界が運動に合流したのは、小中一貫校の設計事務所選定に関わる疑惑がきっかけだった。市長が選定したのは、品川区などの一貫校も手がける東京の設計事務所だった。全国の小中一貫校では、オープンスペース型教室、広い階段のあるエントランスなどきわめて類似した学校建築が見られ、一貫校建築が新しい市場を創設していることが見て取れる。

市民らは、２０１０年に「小中一体校の問題を考える会」（後に「私たちの三条市を作る市民の会」）を結成し、陳情・請願、市民のアンケート調査、学習集会、県教委への訴え、デモ行進などさまざまな運動を行った。結果的に市議会において僅差で開校が決定し、14年に一体校が開校したが、保守勢力が強い新潟県においての市民レベルの運動のひろがりは注目に値しよう。

関西経済同友会など財界が小中一貫教育を後押しする大阪府下でも、複数の自治体で小中一貫教育導入、一体校開校が計画化されてきたが、門真市、池田市などで、保護者、市民、教職員組合の教師などの広範な統廃合反対運動の結果、一部が阻止されている。

また、歴史的に教育行政と教職員組合との政治的対立がきわだっていた京都市においては、統廃合政策をスムーズに実施していくために地域の保守勢力を活用していく手法が取られた。すなわち、学校運営協議会を設置するコミュニティスクールと小中一貫校政策との一体化が進められてきたのである。この方針は、現在全国の多くの自治体に拡大している。

コミュニティスクールについては、２０００年に最終報告を出した教育改革国民会議において、金子郁容委員（慶応大学）が提起した、「日本型チャータースクール（地域運営学校）」構想が、２００４年の中教審答申を受けて、同年の学校教育法改正、学校運営協議会の任意設置につながっていったものである。学校運営協議会を設置した「保護者や地域住民が一定の権限を持って運営に参画する新しいタイプの公立学校」というのがコミュニティスクールの定義となる。最初の導入校には、学校理事会形式を導入した東京都の足立区立五反野小学校があるが、ベネッセからの民間校長招聘後、むしろ企業に開かれた学校としての性格を強め、学校選択制で不人気校となり、11年に指定校を廃止した。他方、やはり比較的早い段階に小中一貫教育と併せてコミュニティスクールを創設したのが、金子氏が関与した三鷹市の施設分離型小中一貫校、および京都市の小中一貫校のケースであり、地域の活用を特徴とするものであった。

京都市ではすでに91年から「京都方式」と称して、ＰＴＡに統廃合推進のリーダーを育て、合意形成した後に地元連合自治会に働きかけ、下からの要望として統廃合を提案させる方式が導入され、その後の統廃合をスムーズに実行させてきた。95年に10校の小学校を統合して開校された御所南小および高倉小が、２００３年に5校の中学を統合して開校された京都御池中学とともに、２００６年からコミュニティスクール形式の小中一貫校（分離型）のモデルとなっていく。御所南小では、すでに02年に文科省の「新しい学校運営のあり方に関する実践研究」の指定を受け、3つのコミュニティ委員会と12のコミュニティ部会に教師、保護者、町会関係者ら１００名を配置した、「地域一体」の学校運営を行う試行が始められていた。

その後、小中一貫校＝統合のターゲットにされた学校のＰＴＡが、京都市教育委員会によってこの御所南小の訪問見学に招かれ、施設の整ったオープンスペース型教室の校舎やコミュニティスクールの実態を見て、小中一貫化＝統合を推進することになったケースがあいついだ。

京都市教委は、トップダウンの施策を下から積極的に支えていく（あるいは支えているように見せる）ために、コミュニティスクールという新自由主義的な「学校参加」制度を最大限に利用するようになったといえよう。現在、京都市は全国のコミュニティスクールの15％（約１５００校中２００校）を擁するまでになっている。

しかし、京都市では、地域、保護者による小中一貫校化に反対する運動も起きている。最初の施設一体型小中一貫校であり、５小学校2中学校を統合することになった開睛学園（２０１２年開校）では、ＰＴＡが自ら「小中一貫校構想」を提出するなど推進の立場をとったのに対して、町会関係者など一部の地域住民が反発した。市当局の強引ともみえる合意形成および、施設設備や通学条件の悪化などを理由に地域で拡大した反対運動は、２０１０年、全国から小中一貫校、統廃合に反対する関係者を集めた「学校統廃合と小中一貫教育全国交流京都集会」の開催に発展した。市民から起きた運動に、京都市教職員組合が協力、共催したものであった。この集会は、翌年以降各地で開催されている。

さらに、２０１４年、京都市東山区南部で開校された小中一貫校は、1～5年生までと6～9年生を離れた別敷地の校舎に収容する変則的な「5・4制」を採用していたため、統合時に6年生となる児童の保護者たちが計画に反発して紛争化した。最高学年である6年生が小学校で学ぶ権利を主張することは保護者にとって当然な要求であったと思われるが、制度的な「学校参加」による方針を変更させることができなかった。

京都市で発展した、統廃合を推進していくために用いられるコミュニティスクール施策は、各地の小中一貫教育でも導入されている。最近では、たとえば長野県など、歴史的に地域と学校の連携が強く統廃合に対する抵抗が強い地域で、小学校と中学校を将来的に統合していく布石として、中学校区単位のコミュニティスクール施策が活用されるケースも出現している。住民参加による授業づくりなど連携の活動を活性化するコミュニティスクール施策に反対は起きないが、結果的に、統廃合に向けた地域の反対勢力の事前の懐柔となっていく。

5　小中一貫校の問題点

検証されない教育的効果と小中接続部の制度的問題

それでは、そのように拡大してきた小中一貫校には、はたしてどのような制度的な課題があるのだろうか。また、その教育的効果が検証されているわけではないが、子どもへの影響はどのようなものなのだろうか。

広島県呉市での最初の一貫校が「中1ギャップ」の解消を理由にしているのに対し、開校した100校の小中一貫教育の目的は**図表8**（朝日新聞調査、2013年）のように、複数に分かれている。すなわち、「学力向上などの教科指導上の成果を上げるため」と「中1ギャップの解消などの生徒指導上の成果を上げるため」がそれぞれ91校、90校でほぼ同数となっている。続く、「小中学校が核となって地域とともにある学校づくりを進めるため」は、コミュニティスクールの施策に対応した回答である。

それでは、実際に開校しての「成果」についてはどのようにとらえているのか。**図表9**は、「成果あり」と回答している小中一貫校の割合を示したものであるが、94校の学校がそのように感じていると答えている。また。文科省調査（2014年）も85%が「成果あり」と回答している。

図表8　小中一貫教育の目的（複数回答）

	（校）
学力向上などの教科指導上の成績を上げる	91
中1ギャップなどの解消などの生徒指導上の成果を上げる	90
小中学校が核となって地域とともにある学校づくりを進める	66
教職員の指導力向上	56
その他	13

出所）朝日新聞調査（2013年）。

図表9　小中一貫教育の成果（複数回答）

	（校）
成果を感じている	94
いまのところ感じていない	4
わからない	2

注）理由の具体的な内容は多様。
出所）朝日新聞調査（2013年）。

しかし、朝日新聞調査で「成果あり」と答えた学校の具体的な理由は多様である。たとえば「小中の教員が同じ職員室で話し合い、教材研究を深めることで学力向上につながった」など「学力向上」にかかわる理由、「中学生が小学生を思いやる」など「中学生の成長」にかかわる理由、そして「中1ギャップ」の解消をあげる理由が多かった。

一体校になることによって小学校と中学校の教師の連携が改善されている点は他のアンケート調査でも指摘されている（三鷹市教職員組合調査、2009年）。

他方、**図表10**を見ると、86校の一体校が「課題あり」とも答えている。文科省調査も同様に84％が「課題あり」としている。そしてその理由は、小・中の接続部に当たる「6・7年生」の問題が多くあげられる。「6・7年生が一番の課題、教職員、児童ともにとまどいを見せる」「小6がリーダーの役割を発揮できない」「7年生が中学生としての自覚を持たせる工夫が必要」など、子どもに関わる接続部の制度的課題がうかびあがる。また、教員の問題に関して、「小中間の壁の高さ」、そして「多忙化」といった理由が多く見られる。

たとえば、都市部の小中一貫校では、この接続部に関する別の問題も生じている。首都圏では中学校から私立・国立中学受験をする層が存在し、小中一貫校であるにもかかわらず6年生終了後に多くの生徒が抜けていき、7年生で新しい生徒を迎える学校が多く見られる。その際、モデル的な一貫校には受験に失敗した生徒が多く進学する傾向も見られ、7年生の生徒指導に困難を抱えるケースが出現している。

図表10　小中一貫の課題

	(校)
課題を感じている	86
いまのところない	13
わからない	1

注）小中接続部の6・7年生に課題が多い。
出所）朝日新聞調査（2013年）。

たとえば、2006年に全区で小中一貫教育を導入した東京都品川区において、区のモデル的な児童・生徒数が千人規模の一体型小中一貫校で、2012年に7年生のいじめ自殺事件が起きている。その学年は、6年生の44％しか7年生に進学せず、過半数の生徒が他の小学校から学校選択制を利用して進学してきていた。いじめ自殺の調査委員会の報告書によると、その他校からの進学してきた生徒の中のいじめ関係が、7年生の大きな集団に拡大して起きた事件であった。品川区全体をみても施設一体型小中一貫校でそのまま小学校から中学校に進学するのは約47％にすぎず一貫校とはいえない状況だ。

アンケート調査によると一貫校関係者の中で、現在の全体での6・3制学制自体を改めたほうがよいか、という問いに対しては、**図表11**に見るように、賛成意見と反対意見が拮抗する。すなわち、「改めたほうがよい」「どちらかといえば改めたほうがよい」を足すと48校になるが、「今のままでよい」「どちらかというと今のままでよい」は38校、残り13校は「わからない」と回答しているのである。100校の中にも、6・3制にもとづいた一貫校を導入している学校も約三割あるのだが、反対意見はそれ以上の数に当たる。

小中一貫教育が、現在の「中1ギャップ」解消のために考案された制度であるにしても、初等教育と中等教育を制度的に区分することの持つ本来的な意義については、ていねいに検証する必要があるであろう。

図表11　6－3制の学制を改めることについて

	（校）
改めたほうがよい	16
どちらかというと、改めたほうがよい	32
どちらかというと、今のままでよいと思う	26
今のままでよいと思う	12
わからない	13

出所）朝日新聞調査（2013年）。

発達心理学、教育学からの問題点の指摘

小中の接続部に関しては、発達心理学や教育学の研究者からも問題点が指摘されている。子どもの学校間移行の研究をテーマとする発達心理学者の都筑学は、小学校高学年の時期の発達保障について、小中一貫校の持つ問題点を以下のように指摘している。

第一に、小学校期に「有能感（コンピテンス）」を獲得していくことが重要であるのにそれが十分に保障されない点をあげる。子どもは、小学校3—4年の時期から、具体的な事物と関わりながら認識を深めていく中でそれを獲得していく。さらに5—6年の高学年期に、小学校という社会の中の最高学年として行事や自治活動でリーダーとなって下級生を率いて活動し、他人から認められ、ほめられる経験を積み重ねる中で、「有能感（コンピテンス）」を高めていく。これはこの時期の発達段階に獲得すべき能力である。中学校に入り、客観的な認識力を身につけ、きびしい現実にさらされていく時に、それは基礎となって乗り越えていく力となる。

生徒指導研究を専門とする船橋一男、教育政策研究を専門とする佐貫浩は、ともに品川区の小中一貫教育を批判的に検証している。船橋は、小中一貫校では「小学校5、6年の活躍の場がない」ためにさまざまな問題が生じている、発達の道筋からの検証が必要である、と提起する。また、5年生からの教科担任制、品川区の小中一貫教育に見られる定期試験の導入などによって、小学校期の「教師から子どもへのていねいなケア」や「自分にかかわりがあり意味がある学び」が奪われ、子どもに「戸惑い、混乱」「不安」が生まれている点を指摘している（船橋、2012）。また佐貫は、管理や規則なども含めて「中学校文化の小学校への前倒し」とも言えるような状況が見られることに対して、小中一貫教育が子どもの発達段階に合っているのかていねいな検証が必要であると指摘する（佐貫、2012）。

第二に、小学校の子どもが中学校に対していだく「不安」は決してネガティブなものではなく、

「不安」を持ちながら同時に「期待」を持って、小学校から中学校という新しい世界に入っていくことで、子どもの成長を促す側面があるということを都筑は指摘する。小６で中学校に対して、「不安」と「期待」との両方を持っている児童が、中学に入ってから最も意欲的に学校生活を送り、将来の展望を持つことができる、ということが児童・生徒を対象にした大規模アンケートによる縦断調査から実証される。中学校に対する「期待」は高いが「不安」が少ない児童は、それに及ばない結果が見られる。教師や、まわりの大人が、小学校高学年を最高学年としての誇りを持った存在として扱い、一つの「区切り」として、新しい世界である中学校に送り出していくことが重要とされる。

検証されなければならない子どもへの影響

このように、教育的効果同様、小中一貫校が子どもに与える影響については、十分に検証されているわけではない。前述の都筑学ら心理学者と筆者を含む教育学者10名が共同して実施している文科省研究費研究助成事業「小中一貫教育の総合的研究」において、都筑、高坂、岡田が２０１３年度に実施した、心理学の手法に基づいた全国の小中一貫校・非一貫校の児童生徒を対象としたアンケート調査は、施設一体型小中一貫校と一般の小学校・中学校の児童・生徒の意識を比較した大規模アンケート調査である。小中一貫校で、小７校・１２４８名、中７校・１０２１名、非一貫校（普通の小学校、中学校）で、小43校・３３４５名、中17校・３１８３名、計８７８９名を対象に実施したものである。今後継断的調査を継続し、経年変化を検証する必要はあるが、一つの仮説として貴重なデータを提供するものであると思われる。

同調査は、「中1ギャップ」といったような、児童・生徒の学校適応・精神的健康のさまざまな項目について、小中一貫教育が有効なのかについて、施設一体型一貫校と非一貫校を比較して検証している。結果を端的に述べると、「学校適応感」「精神的健康」「コンピテンス」（自分は何でもできるといった有能感、自信など）、独立性、協調性など複数の項目において、小学校４・５・６年の時期に一貫校の数値が非一貫校を下回る傾向が見られた。

たとえば**図表12、13、14**はそれぞれ、児童生徒の「学校適応感」の「自信」の項目、および「コンピテンス（自分の能力に対する有能感）」の「運動」および「自己価値」の項目について、一貫校と非一貫校の、４、５、６年生および中1、2、3年生（一貫校の場合、対応する7、8、9年生）を比較したものである。いずれも小学校段階の4～6年生で一貫校が低く、中学で両者が一致する傾向が見られる。また、「コンピテンス」の「学業」の項目以外すべての項目でほぼ同様の傾向が見られる。

一般的に、「精神的健康」や「コンピテンス」などの項目は、児童期で高く、思春期になるにつれて低下して、青年期に再び上昇していく傾向があるとされる。児童期から、プレ思春期、思春期を迎え、子どもの「自信」や「自分は何でもできる」といった「コンピテンス」は低下していくのが正常な発達といえる。非一貫校では、そのような一般的傾向が見られるが、一貫校の場合、それらが小学校高学年からすでに低下している。これは、ある意味「中1ギャップの解消」といえなくもない。このような傾向が出現する理由としては、一貫校で小学校高学年期に成長・発達の場が保障されにくい、といった前述の要因以外に、同一空間に小学生からみたら大人に見えるような思春期の中学生が生活するといった環境が心理的に及ぼす影響があることなども推測される。また、一貫校は統廃合が行われたばかりの学校が多いことから、その心理的影響があることも推測される。今後、縦断的な調査を行うことによってさらに検証される点は多いと思われる。

図表12　児童生徒の「学校適応感」の「自信」

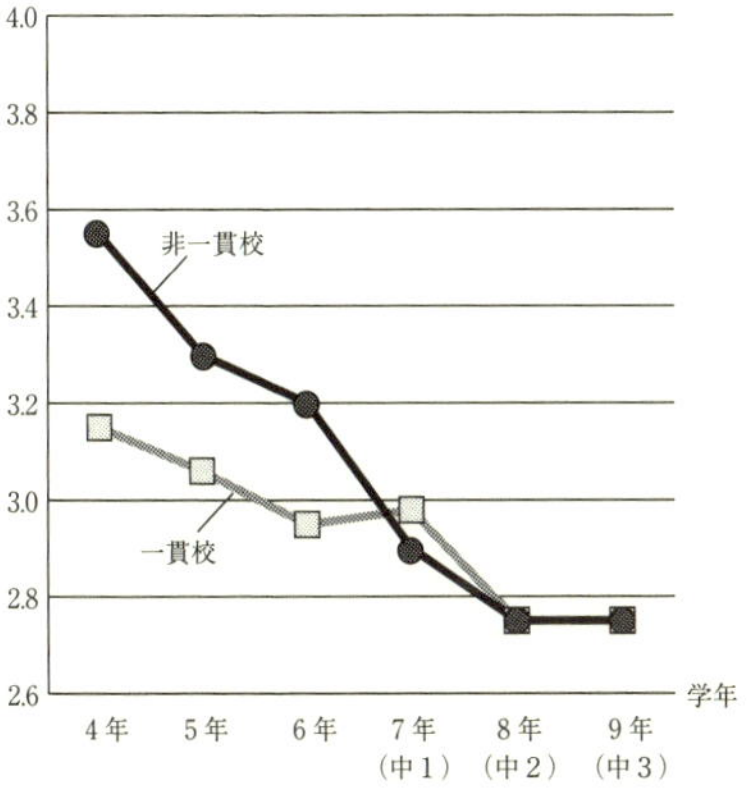

資料)「小中一貫教育の総合的研究」(2013年度)

図表13　「コンピテンス(有能感)」―「運動」

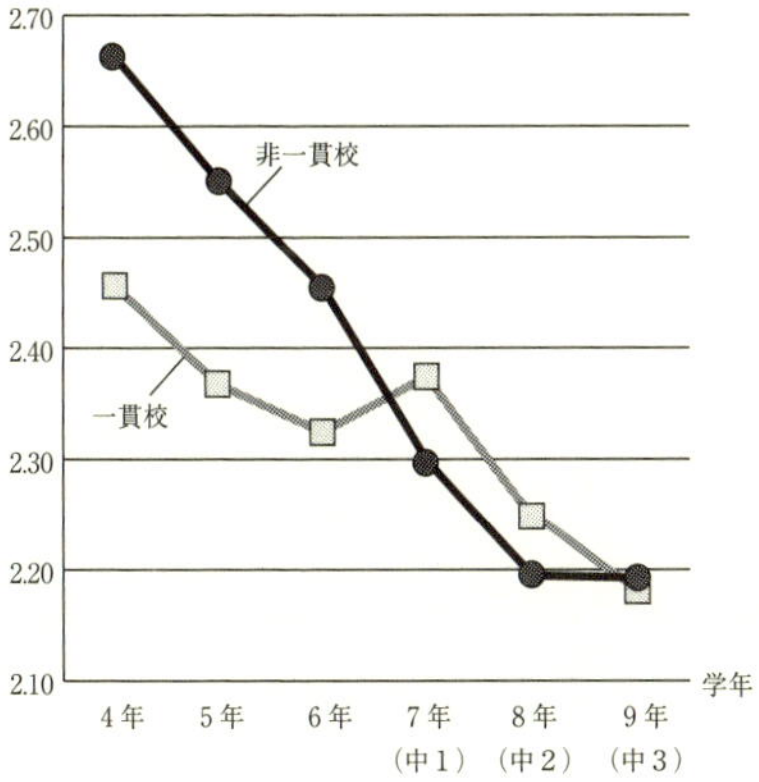

資料)「小中一貫教育の総合的研究」(2013年度)

図表14「コンピテンス（有能感）」―「自己価値」

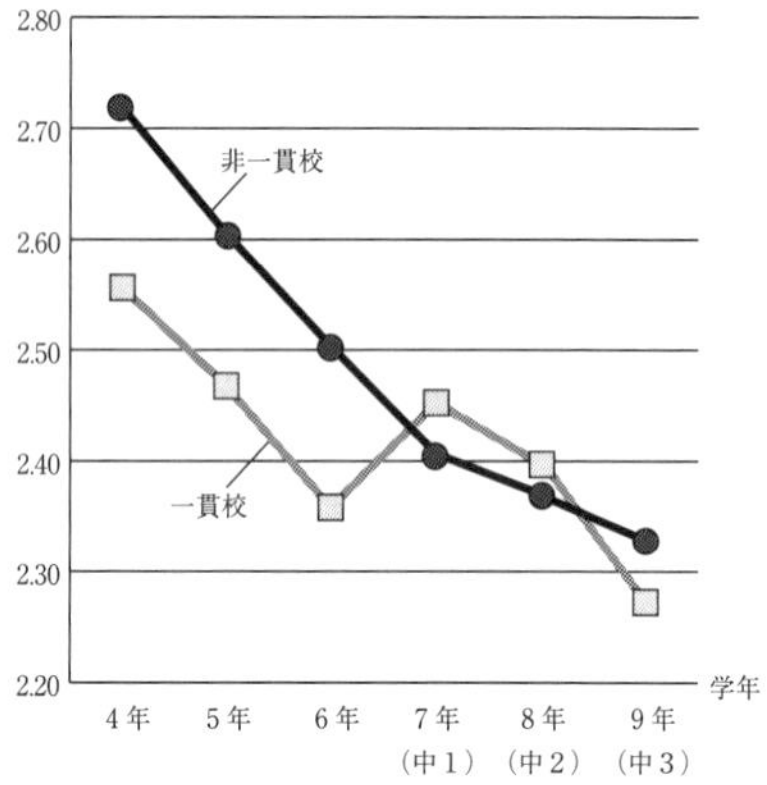

資料）「小中一貫教育の総合的研究」（2013年度）

いずれにせよ、このような検証を積み重ねた上で、子どもに対するリスクがあれば十分な対応を準備した上で小中一貫校の法制化を進めるべきではないだろうか。財政と効率化の理由に基づいた拙速な制度導入は避けるべきであろう。このような課題があることを前提に、制度としての小中一貫校が持つさまざまな課題について十分に調査を重ね、さらにはたして教育的効果があるのか慎重に検証を重ねた上で、実際の制度的導入を行うべきなのではないだろうか。

また、第4章で述べたように、アメリカのシカゴ市における小中一貫校は、統廃合の方策としての大規模・過密な学校であり、プログラムを削られる「安上がり」な学校とされる傾向が強かった。そこでは、入試選抜のある高度な内容を教える小学校は、初等教育に限定した２００人程度の規模の学校として、小中一貫校とは別のコースになっていた。国際的に見た小中一貫校の学校体系における位置づけ役割や制度についても慎重に検証していくことが求められる。

参考・引用文献

天城勲『学校教育法逐条解説』学陽書房、1954年。

三羽光彦『六・三・三制の成立』法律文化社、1999年。

佐貫浩『品川区の学校で何が起こっているのか』花伝社、2010年。

佐貫浩「小中一貫教育・一貫校に教育学的根拠はあるのか」、山本由美、佐貫浩、藤本文朗編著『これでいいのか小中一貫校』新日本出版社、2011年。

都筑学「発達論から見た小中一貫教育」、前出『これでいいのか小中一貫校』2011年。

都筑学「小中一貫教育で子どもの成長はのぞめるか」『学校統廃合と小中一貫教育を考える第3回全国交流集会in京都報告集』2012年。

舟橋一男「小中一貫教育と子どもの生活――品川の生活指導と市民科教育を中心に」、『これでいいのか小中一貫校』2011年。

山本由美『学力テスト体制とは何か』花伝社、2009年。

山本由美編著『小中一貫教育を検証する』花伝社、2010年。

山本由美「小中一貫校問題とは何か」『これでいいのか小中一貫校』新日本出版社、2012年。

高坂康雅・都筑学・岡田有司「小中一貫校・非一貫校における子どもの適応・発達（1）――学校適応感・精神的健康に注目して」、「小中一貫校・非一貫校における子どもの適応・発達（2）――コンピテンスに注目して」、「小中一貫校・非一貫校における子どもの適応・発達（3）――独立性・協調性に注

目して」、『日本教育心理学会第56回大会発表論文集』、２０１４年、５２９―５３０頁。

文部科学省研究費研究助成事業「小中一貫教育の総合的研究」（基盤研究（Ｂ）課題番号 24330858：代表・梅原利夫２０１２―14年度）。

終章　対抗軸はどこにあるか

1　新自由主義教育改革に対する国際的な対抗軸へ

グローバル企業が求める人材養成のために、国家がグローバリズムの下のエリート・非エリートの早期選別を目的に行う改革を「後期」新自由主義教育改革であると定義した。その対抗軸としては、グローバルな規模での対抗勢力の連帯が必要となるだろう。

日本やアメリカだけでなく、世界中で趨勢をほこる新自由主義教育改革に対して、教職員を中心に大学関係者、保護者、住民などによる公教育を守る反対運動が起きている。2014年5月9〜11日、シカゴ市のイリノイ州立大学シカゴ校において、第11回「公教育を守る3ヵ国国際会議」が開催された。この会議は、1993年にNAFTA（North American Free Trade Agreement 北米自由貿易協定）が締結され、それに参加するアメリカ、メキシコ、カナダの社会的・経済的な統合が計画的に進められるようになったことを契機に、その3ヵ国の教員組合の教職員や大学関係者が中心になって隔年で開催されることになったものだ。NAFTAは不平等な経済協定としてアメリカのグローバル企業にとって有利に機能し、たとえば、肉、トウモロコシなどの関税を撤廃したことによってメキシコの農業に大きな打撃を与え、大量の農業労働者を失業させるに至った。また、NAFTAの導入によって少なくともアメリカとメキシコでは国民の経済的格差が拡大したと評される。

そして、今回の会議は特に、グローバリゼーションが公教育に与える影響を反映するような、3ヵ国において出現している教育をめぐるさまざまな状況、その類似点や相違点について、参加者が学習する機会を提供することを目的として行われた。NAFTAが締約されて20年経つが、会議は、それが経済、雇用、そして教育に対してネガティブな影響をもたらした、という認識に立っている。教育の分野においては、3ヵ国で以下のような新自由主義のパターンが出現したという。

・教員免許を持たない民間人を派遣する米国の民間教員派遣プログラム（Teach for America）がカナダとメキシコでも模倣された。
・過酷な教育労働「改悪」が、公教育に自由をもたらす教員組合の権利やコミュニティ・生徒の権利を抑圧するようになった。
・教師たちの運動の希望を打ち破るような弾圧的な戦略がとられた。
・公的支出における最大の領域である教育の部門が民営化され、市場によって決定されるようになった。

・ＰＩＳＡテスト作成企業であるピアソン（Pearson）のような民間企業によって、教育における営利追求の動機が拡大した。

・教育を統制し方向付ける「武器」としての一斉学力テストが拡大した。

・教育現場の雇用の不安定化によって、教師個人がダメージを受けやすくなり、告発を恐れるようになった。

ＮＡＦＴＡの締結以降、人々の権利や尊重される要求よりも企業の関心や利益の方が重視されるようになり、その条項は、企業の権益を拡大し、教育のような基本的公共サービスの提供を弱めることになった。そしてそのような傾向は、現在提案されているＴＰＰ（環太平洋パートナーシップ）に加わろうとする国々においても、今後拡大していくことが予想される。当然、日本も一層、新自由主義的なグローバリゼーションに巻き込まれていくことになる。

その新自由主義的なグローバリゼーションの特徴と影響については、この会議では「教育費の削減と一斉テストによる教育支配」「民営化と公設民営学校への公的資金注入」などが、主な問題点として、取り上げられた。特に、テスト結果については、経済的、社会的に不利な立場にある生徒のテスト結果は一般的に低いことが実証されているにもかかわらず、それが教員の評価にダイレクトにつながっている点が大きな問題であるとされた。

また、新しい論点として、ＩＣＴ（Information and Communication Technology 情報通信技術）があげられた。新自由主義的なグローバリゼーションに伴って、情報通信技術は特に教育に大きな影響をおよぼすことになった。有益な面があることはもちろんだが、次のようなネガティブな影響も及ぼされる。第一に、アクセスの不平等性があげられる。特に、市場の論理で情報が発展する場合に、貧困などの理由でアクセスできない層の人々への影響は大きくなる。第二に、情報技術の公教育への適用は、民間企業による統制をもたらす。ＯＥＣＤのＰＩＳＡテストで２０１５年の契約を獲得したピアソン社が教育のグローバルなリーダーとなってしまったことなどは代表的なケースである。企業の影響は教育のあらゆる面におよぶようになる。たとえば、教科書、デジタルな資源、テスト、テスト結果に基づいた教育方針のコンサルティング、生徒の情報システム、教員養成プログラムのテスト、教員専門性の開発などが対象となる。それらは、教育を社会的な権利というよりは消費的な生産物に変えていくことに貢献する、と指摘された。

今回、シカゴ市での同会議の開催は2回目であり、シカゴ教員組合が主催団体となって行われた。各国の教員組合関係者、市民、研究者などとともに、多くの地元の教員たちが参加した。これまで、アメリカ、カナダ、メキシコの3ヵ国のみの参加だったのが、今回は、ブラジル、ベネズエラ、チリ、プエルトリコの教師たちも参加することにより、国際会議の色合いが増し、会場では英語以外にスペイン語が飛び交った。

大会の中心的なプログラムだった9日の研究集会は以下のような内容で構成されていた。第1

部では、①一斉テストと教員評価――その影響と反対のためのキャンペーン、②教師と親とコミュニティのつながりを打ち立てる、③権利、財政、他の学校の生徒たちの問題に関する生徒たちの運動の組織化、④テクノロジーと教育、という4つのテーマの研究集会が行われた。午後の第2部では、①有色人種のコミュニティにおける教育、②団体交渉、生徒の学習条件、および教師の労働条件の支援の下に民主的で活動的な組合をつくる、③代替的な教育プログラムと教育学、④K～12（キンダーガーテンから高校3年生まで）と高等教育における教師の不安定雇用、という4つのテーマの研究集会が行われた。

メキシコ、チリおよびプエルトリコなど発展途上国の教員組合の教師たちの報告は、教職を不安定雇用にしようとする政策や労働条件の悪化、教員評価に対する集団抗議活動やデモ行進などの運動報告が中心であった。それに対して、アメリカの教師たちの報告は、教師と親と地域の連携で学力テスト拒否を行った学校の活動や、生徒たちが中心になってカレッジの閉校に反対運動を行った活動などの報告など、公教育を守る教職員と市民との共同の個別の実践についての報告がめだった。それは、研究集会の構成を反映するものであった。

2　新自由主義教育改革に対する地域の対抗軸

前述のように、アメリカの一斉テストを中心とした新自由主義教育改革の対抗軸として、F・

ヘスは、テスト改革によって何の恩恵も受けない四つの層の存在をあげていた。第一に、貧困層および、マイノリティ、第二に、教師、教職員組合、学校管理職などすべての教職関係者、第三に、ハイ・パフォーマンス・コミュニティと称される、地域の公立学校の教育実践を支持し、過剰なテストでこれを変えてほしくないと望む親や住民たち、そして第四に、テスト教科以外の関係者、さまざまな文化的価値を教えようとする人たちである。

アメリカのケースで見てきたように、これらの対抗軸の相互の関係において、教職員と保護者、住民との共同が実現してきたことが指摘できる。

たとえば、シカゴ市のサウシド小学校では、ヒスパニックのコミュニティの保護者たちが、自分たちの文化を尊重し高い成果をあげてくれる学校に対する信頼感を前提に、教員組合の教師たちの提起したテスト拒否運動に賛同していった。一斉テストは、英語を苦手とするマイノリティの人々にとって不利な性格を持つことも、親たちには十分に理解されていた。運動の中心となった特別支援教育教師のサラ・チェンバーズは、運動を成功させた要件として「強力な教師のリーダーと強力な親たちの存在」をあげた。

また、サウシド小学校よりも階層の高い地域の学校であるドラモンド小学校では、テストに対して否定的な確信を持つ親のリーダーと、教職員が共同してテストに関する学習会を続ける中で、共同関係をつくりあげていくことができた。その際、中心となったアン・カールソンは、テスト過剰な学校の状況をまず親に知ってもらう、教師が情報提供することが大事だった、と述べる。

ただし、両校とも、一般的な地域の公立学校である「近隣学校」(Neighborhood school)ではなく、両校とも地域に根づいてはいるが、より子どものニーズに応じた「特色」校、マグネットスクールである点は注目すべきであると思われる。すなわちサウシド小学校は、コミュニティのヒスパニックの子どもたちの文化に根ざし、スペイン語を話す子どもたちにていねいに英語を獲得させていくカリキュラムを特徴としている学校だった。また、ドラモンド小学校は、モンテッソーリ教育を特色とし、障がいを持った子どもたちをも含めて個々の発達に応じたプロジェクト学習やグループ学習を特色としていた。教育活動の多くがプロジェクトの学習に充てられ学年を超えたクラス編成がとられていた。両校とも、教育内容・方法のレベルで、一斉テストが求める内容とは全く異なる教育的価値観を教師と保護者が共有している学校だった。それは、新しい対抗軸の可能性を示唆する点であると思われる。

学力テストを導入して学校や自治体が競争する環境を作り出すことで公教育を序列的に再編していく「前期」新自由主義教育改革に対して、シカゴ市の教育改革は、すでに「後期」新自由主義に突入しているといえよう。すなわち特定の産業をバックアップしていくために、学校制度全体の再編が強力に行われ、学力テスト結果が、その正当化のために用いられるようになっている。その際、「余剰人材」とされる非エリート層に対しては、徹底的なコスト削減のための学校統廃合が行われる。それは、都市開発政策とも結びつき、アフリカ系貧困層が多く住んできた市南部は、ディベロッパーにとって「グレートバリュー」と称される、未来の再開発地域として位置づけられている。当然ながら地域の学校を奪い貧困層の居住する生活圏を破壊し、グローバル企業にとっての新しい価値を生み出そうとしている。

それに対して、シカゴ市の教職員と保護者、住民による学校統廃合に反対する運動は、「後期」新自由主義教育改革への対抗軸としての性格を有しているともいえよう。シカゴ教員組合は、新自由主義教育改革を批判し学校の閉校に反対する運動の中で、親との強い関係を打ち立ててきたと総括されている。アフリカ系アメリカ人やヒスパニックのコミュニティの学校が廃校の対象となったことから、1960年代の公民権運動の延長線上に全市的な統廃合反対運動が位置づけられた点も特徴的である。

また、学校統廃合反対運動と学力テスト反対運動が同時期に共鳴しあって行われた点も特徴的である。廃校を正当化する理由として、学力テストの「結果」が、親や地域に対する「アカウンタビリティ（説明責任）」として利用されている。①教師の労働条件の「改悪」、②公教育の民間委託、③学力テストによる統制、そして④学校統廃合を利用した公教育の「グローバル人材育成」向け再編は、グローバリゼーションのもとの新自由主義教育改革において4本の柱となっている。

歴史的に、教職員組合が労働組合としての性格が強いアメリカにおいて、教師と保護者の共同関係が、このような形で実現してきた点は画期的といえよう。しかし日本においては、すでに60年代の全国学力テスト実施に対する全国的な反対運動の中で、教師と保護者、住民の共同が一定程度実現してきた歴史がある。また、日本では、２００７年に開始された全国学力テストについても、導入された年に足立区の教師たちと保護者、住民が共同して、障がいを持った生徒を休ませるなど、学力テストにおける不正が行われていたことを告発したのは、その系譜の上にあるケースであると思われる。学力テスト体制に対して非常に有効な反対運動の一つとなりうるものだ。しかし、現実には、教職員管理が急激に進む日本において、教師と保護者の共同を実現する条件はきびしいものになっている。

日本においては、理論的にはやや古典的とも思われる教師と保護者の共同が、今アメリカでは新自由主義教育改革に対する対抗軸となっていることは興味深い。

3　学校統廃合「手引き」から対抗軸を

日本において、「後期」新自由主義教育改革の段階ともいえる平成の学制改革の時期において、改革の対抗軸となる運動はどのようなものなのだろうか。学校統廃合に反対する保護者、市民、教師の運動は改革の対抗軸になるのだろうか。

２０１５年、教育委員会制度の首長権限が強化され、首長と首長が任命した教育長および教育委員により、各教育委員会で大綱が策定されることになった。大綱の内容として学校統廃合計画が例示され、さらに58年ぶりの学校統廃合の「手引き」として、文科省の「公立小学校・中学校の適正配置・適正規模等に関する手引き」が公表されたことから、今後、統廃合は急速に増加していくことが予想される。

「手引き」では、従来の、通学距離小4キロ以内、中6キロ以内を徒歩や自転車で通学距離としたものに、スクールバスなどを用いて「概ね1時間」を加えた。また、従来の標準学級数としての「12～18学級」に対して、「1学年1学級以下」校の統合を促す内容が盛り込まれた。その根拠として、新しい時代の教育、たとえば「自ら課題を発見し、主体的に学びあうなど協同的な学習」「言語活動、グループ活動、ICT利用」などには、小規模校では対応しきれないものがあることを新たな「教育学的根拠」としておいている。それに対しては、実際に小規模校の教育的実践を踏まえてのていねいな検証作業が必要であると思われる。

しかしながら、「手引き」においては、後半の「4章　小規模校を存続させる場合の教育の充実」「5章　休校した場合の再開」においては、小規模であるから統廃合を促すというだけではなく、地域に学校を存続させるケースについて多くの記載が盛り込まれている。これは、財政的理由から統廃合促進を急務とする財務省の意向に対して、2014年に閣議決定された「まち・ひと・しごと創生総合戦略」に盛り込まれた「各市町村の実情に応じた活力ある学校づくりをきめ細やかに支援する」といった総務省の意向が反映されている部分でもある。

「手引き」では、児童生徒数に応じた機械的に統廃合を進めるのではなく、「小規模校のまま存続させることが必要と判断するところ」として、以下の4例があげられる。

① 近隣の学校との距離が遠すぎる。スクールバスを導入しても安心安全な通学ができないと判断される場合。
② 学校統廃合を行った際に、更なる少子化や地域の産業構造の転換により児童生徒数が減少するなど、通学可能な統廃合を進めることが困難になる場合。
③ 同一市町村内に1校ずつしか小・中学校（小中一貫校）がない場合。
④ 学校を当該地域コミュニティの存続や発展の中核的な施設と位置づけ、地域をあげてその充実を図ることを希望する場合。

このうち①〜③については地理的条件に規定されるが、特に、④については多くのコミュニティに該当してくる可能性がある条項である。学校を中心とした地域コミュニティの構成員である、保護者、地域住民、そして子どもたちが、地域コミュニティの存続や発展の中核的な施設（アンカー）である学校の存続について十分に協議し、その合意を生かして行政はていねいに計画を進めていくことが求められる。

その際、小規模校ではあっても、その「メリット最大化策」としてさまざまな「少人数を生かした指導の充実」「特色あるカリキュラム編成」があることが指摘される。また、小規模校のデメリット緩和策として、「社会性の涵養、多様な考えに触れる機会の確保」「社会教育との連携」

「切磋琢磨する態度、向上心を高める方策」「教職員体制の整備等」「リソースの有効活用」があげられる。その中では、地域の学校間の連携や公立図書館との連携、ＩＣＴの活用などとともに、「異学年集団での協同学習や体験学習」など、従来、多くの小規模校が取り組んできた学習スタイルの工夫も盛り込まれている。

また、山村留学・農村留学、いわゆる小規模特認校制度（都会の不登校児童生徒などを地域の小規模校で受け入れる制度）の活用や、少子化により一旦学校の機能を停止しても、将来学校を再開できる「休校」制度の活用など、地域に学校を残す方途について展開されている。この「手引き」を地域に学校を残すための「手引き」として活用していくことが重要であると思われる。

4　子どもたちへの影響の検証を

新自由主義教育改革は、表面的には「教育的効果」をうたいながら、実際にはそれを検証されずに進められていく特徴を持つ。学校選択制や学校統廃合が子どもたちにどのような影響をもたらすのか、導入前にていねいな検証が必要であるはずだが、実際には行われることはない。

たとえば、東京都東久留米市で２００４年に統合されたＴ小学校のケースでは、統合後の小学校で、子どもたちの「荒れ」や不登校などが出現したことが検証されている。学校は、公立であってもそれぞれが地域に根ざした文化や伝統を持っており、さまざまな特色を有している。子どもたちにとって、そのような学校を中心にしたコミュニティはまさに生きる空間である。小学校の子どもたちは発達段階からみても、そのような身近な地域の人間関係の中で生活している。

しかしT小の場合、統廃合によって、地域から理不尽にも引き抜かれただけでなく、教育内容・方法のすり合わせなども不十分で強引な統合によって子どもたちは混乱や不安を感じた。さらに、統合先に以前の学校の教師が十分に配置されず、新しい環境の中、相談できる親密な関係を持った大人を欠いた状況におかれた。それによって、子どもたちは孤立感、無力感の中で広い意味での「心的外傷」を受けたと教育学者の田中孝彦は指摘している。

しかし、今回「手引き」作成の際に行われた文科省による全国調査では、統廃合が子どもに与える影響についての検証はきわめて不十分であると思われる。たとえば、デメリットについては、統廃合を行った教育委員会へのアンケートのみが行われ、問題点が少ないという結果が導き出されている。当該校の校長や教師、保護者などの調査は行われていない。

教育改革が子どもにどのような影響を与えるのか、十分な検証を行うことが対抗軸を形成していく上で最も重要であると思われる。その情報を、教師、保護者、住民が共有し、共同関係を形成していくことこそが、まず大きな一歩なのだ。

参考・引用文献

田中孝彦、山本由美、東久留米の教育を考える会『地域が子どもを守る――東京・東久留米の学校統廃合を考える』ケイ・アイ・メディア、2007年。

あとがき

2014年は私がシカゴに出会った歴史的な年だ。3月に学校統廃合をテーマにした文科省の科研調査でシカゴとデトロイトを訪問したのがきっかけで、この都市に通うようになった。新自由主義教育改革を明確に見据えて戦う人々がいて、学校統廃合と学力テストとチャータースクールが争点になっている世界、それは、それらの研究テーマを持つ私が存在する意味がある世界だった。私と同じように考える研究者や教師たちや親たちがいた。

行くたびに新しい発見があった(英語力の問題もあり、少しずつしか状況がわからなかったということもある)。シカゴ教員組合からメールで次のイベントの誘いがあるたび、それは「統廃合一周年を記念するイベント」「協定書(コントラクト)を守るために集まれ」といったものだったが、飛んでいきたい気持になった。飛行時間も時差もタイトな日程も気にならなかった。そして、シカゴ教員組合研究部の優秀なサラ・ハインズに、「こんなタイプの学校を訪問したい」というと、瞬く間に適切なメンバーのアドレスが送られてきた。アポを取って出かけていった。出会った人々もさまざまだった。

2015年6月、この本の作成の最後の段階で、ブレイン小学校のトロイ校長に出会った。彼は3月のPARCCテストで、PTAの親たちによるテスト拒否を支持した最初の校長だった。その時の新聞には、「シカゴの活動家校長、PARCCを突き砕く！」といった華々しい見出しがあった。硬い岩盤のようなシカゴ教育委員会にもほころびができ、大きな流れが生まれる気配を感じ、学校のホームページをさがして直接アポを取ったのだ。

しかし、実際に小学校を訪れたとき現れたのは、ナーバスで全然自信に満ちあふれていない黒人ハーフの男性だった。

「そこには、長いストーリーがある……」近所のコーヒーショップで彼は語り始めた。外へ出たのは、ブレイン小が生徒数950人の過密校で、校長室もミーティングルームを兼ねていて手狭なためだった。

彼の母親は、この学校があるアッパーミドルのコミュニティで生まれた白人女性だった。そこはレイクビュー、学校まで歩いた商店街は美しく、高級な住宅街の匂いがした。120年前の建物だという小学校校舎は歴史を感じさせるものだった。

しかし、彼女は黒人男性の子どもを生むことになったことにより、コミュニティを追われ西部の貧困地域に移っていった。その子どもが彼だった。今から40年少し前のことだ。やがて2人目の子どもが生まれたとき、コミュニティは彼女を受け入れてくれた。

それから数十年がたち、勉強を重ねた彼は、ブレイン小の校長選出名簿に名前が登載されることになった。シカゴ市の公立学校の学校協議会（LSC）は校長任命権を持つ。保護者や住民に公選で選ばれた委員たちの投票によって、校長は選出されることになる。「(名簿に登載された)30人の中から選んでくれたんだからね。運命だと感じた」。

4年前に校長になったトロイは、今回、自分を選んでくれたPTAのメンバーたちが、テスト拒否を支持してほしい、と申し出たときに拒否することができなかった。また、彼自身、テスト結果が社会的、階層的な要因で決定されるものであり、巨額な経費の無駄づかいであることを、近ごろ感じ出してもいたという。

PTAの親たちは、テスト回数が多すぎることによって普通の授業時間が削られることを大きな理由として強力にテストを拒否した。実際、キンダーガーテンからテスト準備は始まり、8年生は年24回ものテストを受けなければならなかった。生徒たちには大きな負担だった。PTAのメンバーの何人かはMORE THAN TEST(テスト拒否を求める親の団体)の活動の中心メンバーでもあった。さらに、ここは最上級の8年生62人のうち20人は私立学校へ進学し、残りの多くが公立の入学選抜高校を受験する学校でもあった。親たちは、PARCCを拒否することが、選抜高校への進学に不利に働くことを嫌った。そこでトロイ校長は、テスト拒否が高校進学などに何ら不利益を及ぼさない、ということもあわせて声明に出していた。現在、生徒の6割が白人から構成されるブレイン小校区は、典型的なハイ・パフォーマンス・コミュニティだったのだ。

「『ワシントン・ポスト』まで取材に来るとは思わなかった。自分がテスト拒否を支持したことによって、将来シカゴ市教委から何らかのペナルティがあるかもしれない。もしかしたら特別支援教育の予算をカットされるかもしれないが、ブレイン小で障がいを持った生徒は7人しかいないからね……。でも、9月には校長の任期が切れる。学校協議会はきっと自分を再選してくれるんじゃないかな。」

たしかに彼はさまざまな関係のなかで、この選択を余儀なくされたのだろう。しかし、私には、それまで出会った他のシカゴの校長たちと彼は全く違って見えた。何人かの校長たちは、若く未経験で無表情で、シカゴ市教委のいうとおりに動いているように見えた。たとえば、ミリタリーアカデミーの校長は37歳だった。校長任命権がまともに機能しているとは思えなかった。他方トロイは自分の意思をもつ悩める校長だった。「あなたは彼らと違うように見える」というと、「仕方ないよ。公民権運動だって最初は1人から始まったわけだし……」と答えた彼はインタビュー前よりうれしそうに見えた。

1988年教育改革法の下、世界で最も進んだ学校参加制度として導入された学校協議会は、おそらくテスト結果によるペナルティを受けなかったこの小学校ではまだ機能していた。草の根民主主義と教育の専門職制の統合というあるべき形で。教育制度の力だ。

時に正義はこんな風に頼りなげに見えるのかもしれない。

シカゴ教員組合のコーカス(Caucus)の教師たちが最初に文献の学習会をスタートしたときも、わずか8人だった。共同代表のひとりとなったサラ・チェンバーズは、大学を卒業したばかりだった。そこで、文献やカナダからの講師による学習などで新自由主義の全体像をとらえ、保護者や市民たちと学習を通して連帯していくことになった。彼女がいるサウシド小では、ヒスパニック中心の保護者の中にコントラクト・アクション・チーム（CAT）が結成され、学習と組織化の中心部隊として機能した。小学校の子どもたちも、何が問題なのかを学習してともに反対運動に参加するようになった。

「メキシコから移住してきたヒスパニックの保護者たちは、特に民営化の問題に対してとても敏感で批判的だった。それは、彼らがメキシコで自分たちの生活を破壊する民営化（Privatization）を実際に見て経験してきたからだった」。サラ先生はそう述べ、「でも南部のチャイナタウンにある小学校では、中国人の親たちはテストが大好きなので、教師が組織化に苦労していると聞いたわ」と笑っていた。

サラ・チェンバーズと筆者

　そのような保護者や住民とつながる草の根運動が、2年後にコーカスがシカゴ教員組合の主導権を握ることにつながり、さらに大規模ストライキにつながった。それまで労働条件改善が中心課題で、統廃合にもチャータースクールにも反対してこなかった組合が劇的に変わったのだ。メンバー2万7000人の組合は組織化され、70人の専従の中に5人の地域オルガナイザーが配置されている。彼らは、地域の保護者一人ひとりの悩みを聞き、適切なアドバイスを与え、運動を組織していく。

さらに、このシカゴの動きに刺激され、全米規模で20の地方レベルの教員組合のグループが、United Caucuses of Rank-and-File Educators（UCORE）を組織して新自由主義教育改革に対抗する市民運動を組織する動きを始めているという。対抗軸が生まれつつある（鈴木大裕「シカゴ教員組合スト」）。

2015年6月17日、今日も彼らは、南部の高校で行われる市教委主催の市民意見公聴会に出かけていく。今春廃校にされたディエット高校の跡地に次はどんな高校を作るのか、それが今日のテーマだ。後釜をねらう民間のチャータースクールのプレゼンテーターたちもやってくる。シカゴ教員組合の地域オルガナイザーも、研究部のサラ・ハインズも、そしてポーリン・リップマン教授さえも、集まる黒人の住民たちに会場前でチラシを配っている。そこには、ディエット高校を守りたかった保護者や市民や卒業生たちも、プラカードを持って詰めかける。次は、私たちが支持するこんな学校を作りたい、決してチャータースクールを許さない、と彼らは訴える。それは日本の統廃合反対運動の風景と少し似ているが、何かが違っている。でも私は日本の未来を重ねてみる。

2014年はまた自分にとって、勤務する大学が小学校課程を開設するため、文科省の課程認定を受けるということで不条理で非人間的な仕事をした年でもあった。そこには学問の自由は存在しなかった。しかし、人は精神的にも肉体的にも極限状態に追い込まれた時に、大切なものや輝くものをみつけられるのかもしれない。

花伝社の柴田章さんには、また大変お世話になった。当初、テーマ相談の際に、渡された英文のコピーが、ナオミ・クラインの『ショック・ドクトリン』だったが、それは何とコーカスの教師たちが読書会で最初に使ったものでもあった。ニューオリンズの洪水を契機に、民間教育産業がチャータースクールで公教育をのっとろうとする謀略を暴いた本だ。すごいインテリ編集者である。

2015年2月のシカゴ訪問は、名古屋大学の植田健男先生が代表の共同科研費研究「戦後日本における中等教育改革の総合的研究」の一環とさせていただいた。また、6月には、夫の教育法研究者、世取山洋介が同行してくれたため内容理解が飛躍的に深まった。感謝している。

そして、次の訪問先は、「社会正義高校」(Social Justice High School) と決めている。冗談のような校名だが、親たちがハンガーストライキまでして運動で戦いとった公立高校だという。そんなストーリーがつきないのがシカゴの魅力だ。

2015年7月7日

著　者

山本由美（やまもと・ゆみ）
1959年、長野県生まれ。横浜国立大学教育学部教育学科卒、東京大学大学院教育学研究科教育行政学専攻修士課程を経て、同博士課程満期退学。
工学院大学非常勤講師、ボストン日本語学校中学部教員、浦和大学短期大学部准教授、東京田中短期大学こども学科准教授を経て、2010年から和光大学現代人間学部心理教育学科教授。東京自治問題研究所常任理事。

主な著書
『ベストスクール――アメリカの教育は、いま』花伝社、2002年
『学校統廃合に負けない』（編著）花伝社、2005年
『地域が子どもを守る』（共著）ケイ・アイ・メディア、2007年
『学力テスト体制とは何か』花伝社、2009年
『小中一貫教育を検証する』（編著）、花伝社、2010年

教育改革はアメリカの失敗を追いかける
学力テスト、小中一貫、学校統廃合の全体像

2015年7月25日　初版第1刷発行

著者 ――― 山本由美
発行者 ―― 平田　勝
発行 ――― 花伝社
発売 ――― 共栄書房
〒101-0065　東京都千代田区西神田2-5-11出版輸送ビル2F
電話　03-3263-3813
FAX　03-3239-8272
E-mail　kadensha@muf.biglobe.ne.jp
URL　http://kadensha.net
振替 ――― 00140-6-59661
装幀 ――― 神田程史
印刷・製本― 中央精版印刷株式会社

ISBN978-4-7634-0747-4 C0037